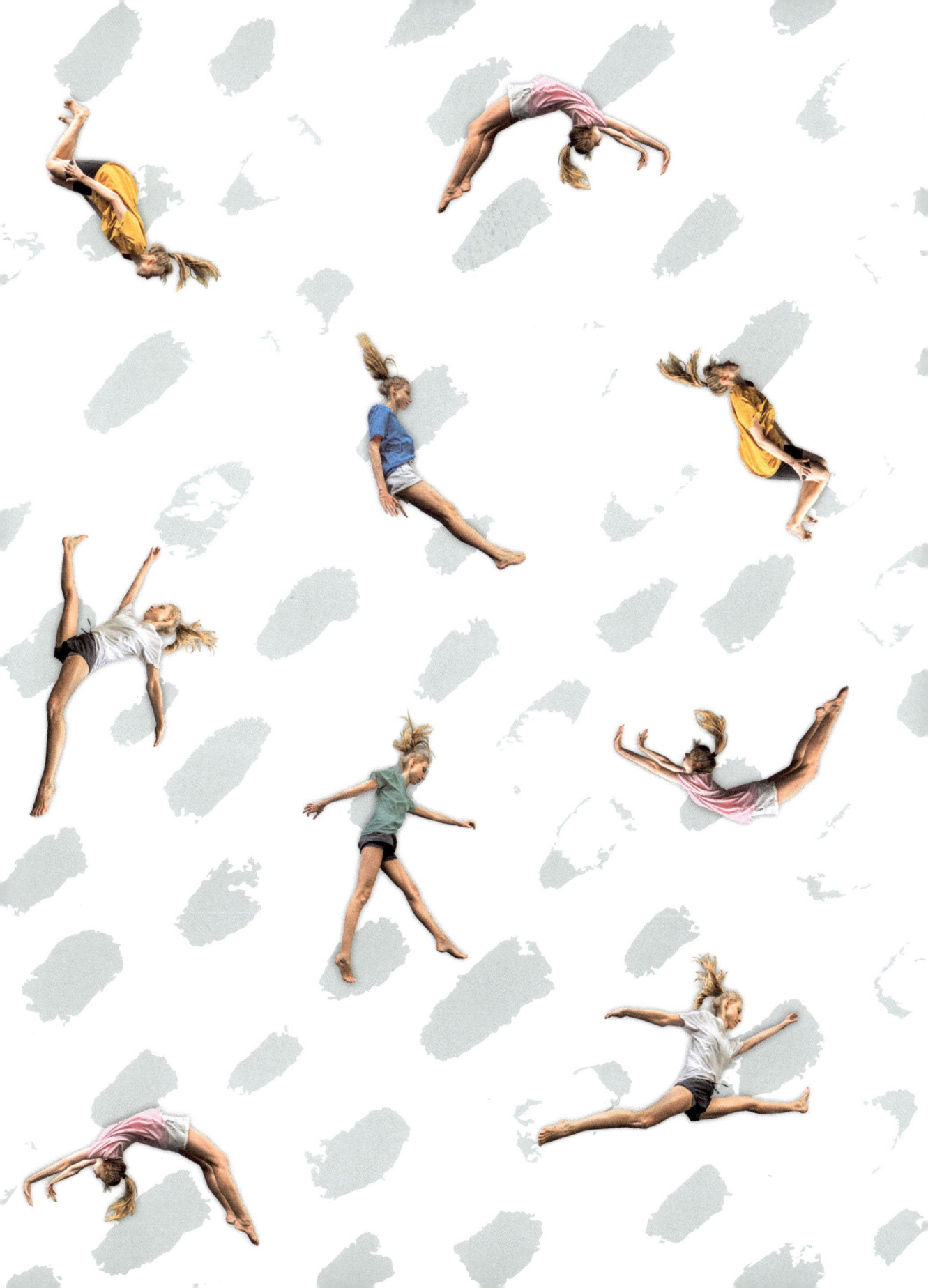

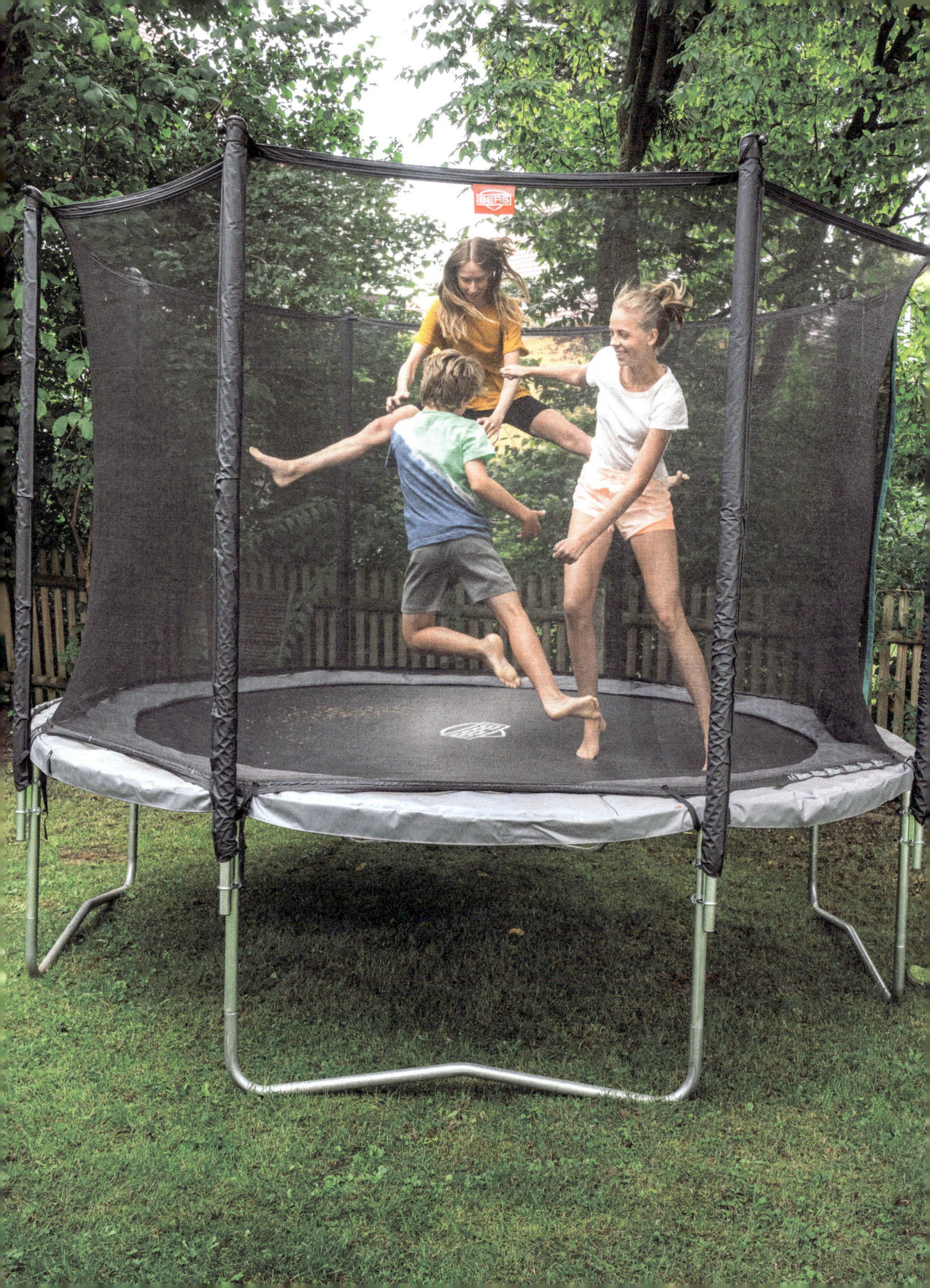

MICHAEL KÖNIG

EIN TRAMPOLINBUCH

LEBEN AUF DEM SPRUNG

ANLEITUNGEN FÜR SPRÜNGE, SPIELE UND SPASS AUF DEM TRAMPOLIN

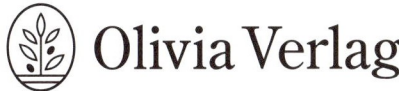
Olivia Verlag

INHALT

4   Leben auf dem Sprung

6   Dehnen nicht vergessen!

8   Easy Starting – Grundausbildung

36   Big Jumps – Meisterschule

54   Fun Fun Fun – Spaßsprünge

78   Good Moods – Trampolingeschichten

96   Impressum

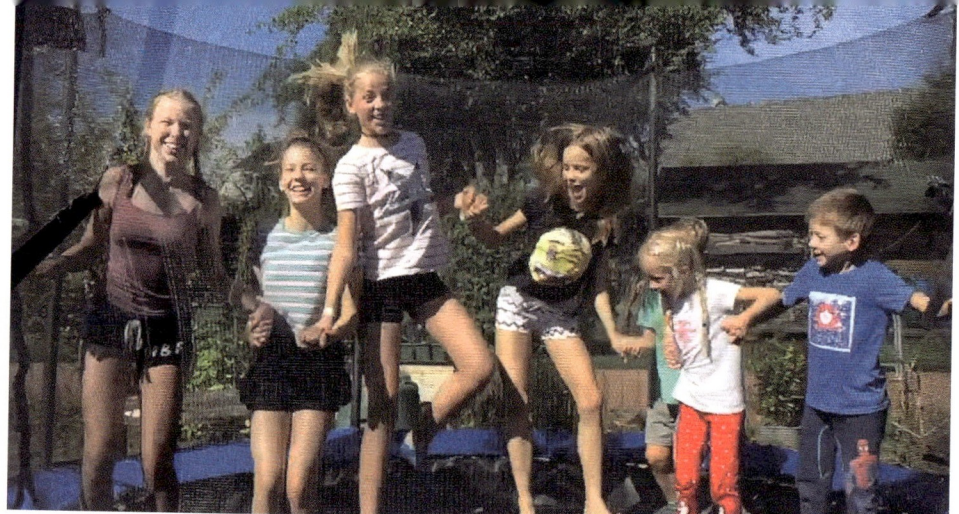

LEBEN AUF DEM SPRUNG

Ein ungewöhnlicher Name für ein Trampolinbuch, denn „auf dem Sprung" kann man eigentlich nicht leben, höchstens – vorübergehend – sein. Auf ein Trampolin kommt allerdings auch kein Kind nur mal kurz „auf einen Sprung" vorbei. Wenn nicht die Eltern ein Machtwort sprechen oder die große Schwester ihren Bruder vom Sprungtuch zieht, bekommt man die Kids gar nicht wieder davon runter. Zu groß sind der Reiz der Schwerelosigkeit und der Spaß beim Hüpfen.

Glücklich, wer im Garten ein Trampolin stehen hat. An diese Kinder richtet sich das Buch. Und an die Eltern und die Tanten und Onkel, deren Kinder und an die Freunde und Nachbarn und deren Eltern, Tanten und Onkel und und und – du wirst sehen, sobald die Trampolinsaison eröffnet ist, wollen alle darauf.

Warum? Es fühlt sich an wie Purzelbaum auf der Wiese, Achterbahn auf der Kirmes, Bungee-Jumping im Freizeitpark und Springen vom Sprungbrett im Schwimmbad – alles gleichzeitig. Man fühlt sich schwerelos und frei! Und das Beste: Du musst nur in den Garten gehen und los geht's.

Um auch deine Eltern zu überzeugen: Trampolinspringen bringt das Herz-Kreislauf-System in Schwung, beugt Übergewicht vor, stärkt das Immunsystem, regt den Stoffwechsel an und kräftigt die Muskeln und Knochen. Außerdem trainierst du mit den Sprüngen die Balance, das Rhythmusgefühl, die Geschicklichkeit, die Konzentration, die Kreativität und vieles mehr. Eigentlich sollte Trampolinspringen ein Schulfach werden, solch eine Bedeutung hat es für Kinder. Genug Gründe, deine Eltern zu überzeugen, dir endlich ein Trampolin zu kaufen oder dich länger darauf hüpfen zu lassen.

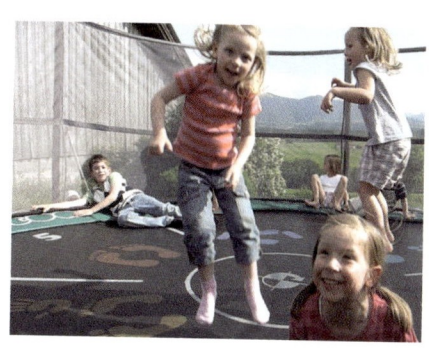
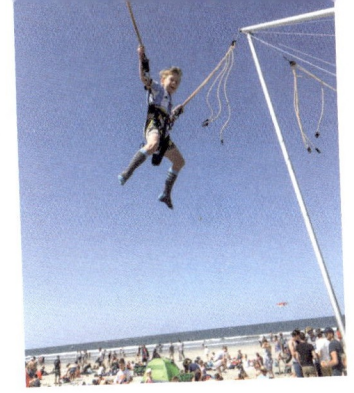

So viel Spaß Jump Battles mit Freunden auch machen, dabei musst du besonders aufpassen! Wenn mehrere Personen auf einem Trampolin gleichzeitig springen, kann es zu Verrenkungen, Bänderrissen oder sogar Knochenbrüchen kommen. Du solltest auch keine Gegenstände mit aufs Sprungtuch nehmen, über die du stolpern oder auf die du fallen kannst. Mit dem Fußball auf dem Trampolin kicken, macht trotzdem Megaspaß. Pass aber gut auf, wenn du den Fallrückzieher trainierst.

Ganz wichtig: erst mal mit Dehnübungen starten. Im Buch findest du welche gleich am Anfang. Denn auch wenn das Tuch weich ist, kann man sich mit kalten Bändern und Muskeln wehtun. Es folgt das Kapitel EASY STARTING. Ganz entspannt kannst du ein paar einfache Sprünge wie eine Schraube, ein Sitzsprung und eine Grätsche in der Luft probieren.

Nach der Grundausbildung kommt die Meisterschule. Bei BIG JUMPS lernst du Handstandüberschlag, Salto, Flickflack und noch ein paar weitere schwierige Sprünge. Auch wenn du vorher eher zurückhaltend bei solchen Übungen warst, wirst du sie auf dem Trampolin neu entdecken. Keine Sorge, du musst nicht gleich den Salto rückwärts mit verbundenen Augen (Blindsprung) machen, beginne mit dem „einfacheren" abgerollten Handstandüberschlag, quasi einem Purzelbaum aus dem – umgedrehten – Stand. Dann steigerst du dich Jump für Jump.

Nach so viel Sprungübungen brauchst du eine Abwechslung und FUN FUN FUN. Sollst du haben mit jeder Menge Spaßsprüngen, zum Beispiel Popcorn, Synchron-Arschbombe, Seilspringen und der „Einer geht noch"-Challenge. Auch die beliebten Spiele Volley-, Basket- und Fußball lassen sich auf dem Trampolin neu interpretieren und sorgen für gute Laune.

GOOD MOODS wollen dir auch die Trampolingeschichten geben und laden dich ein, dein Leben auf dem Sprung (-tuch) zu verbringen – sei es während der Hausaufgaben, beim Spiel mit dem Hund, beim Erfinden neuer Jump Challenges, im Training der besten James-Bond-Moves oder nachts unter dem Sternenhimmel.

**Dieses Buch ist geschaffen für dein Leben -
dein Leben auf dem Sprung!**

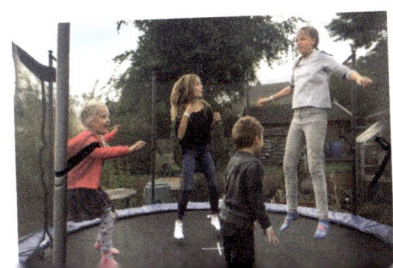

DEHNEN NICHT VERGESSEN!

Du kennst es vom Sportunterricht: Bevor es losgeht, läufst du dich erst mal warm. Da das auf dem Trampolin nicht so gut geht, deine Bänder und Muskeln aber vor den Jumps auf „Betriebstemperatur" gebracht werden müssen, dehnst du sie einfach. Olivia macht es dir vor: Streck die Beine, winkle die Knie an, beuge den Rücken, zieh deine Füße heran ... Du findest bestimmt deine eigenen Aufwärmübungen auf dem Trampolin. Hauptsache, du fühlst dich danach locker und bereit für den ersten Sprung.

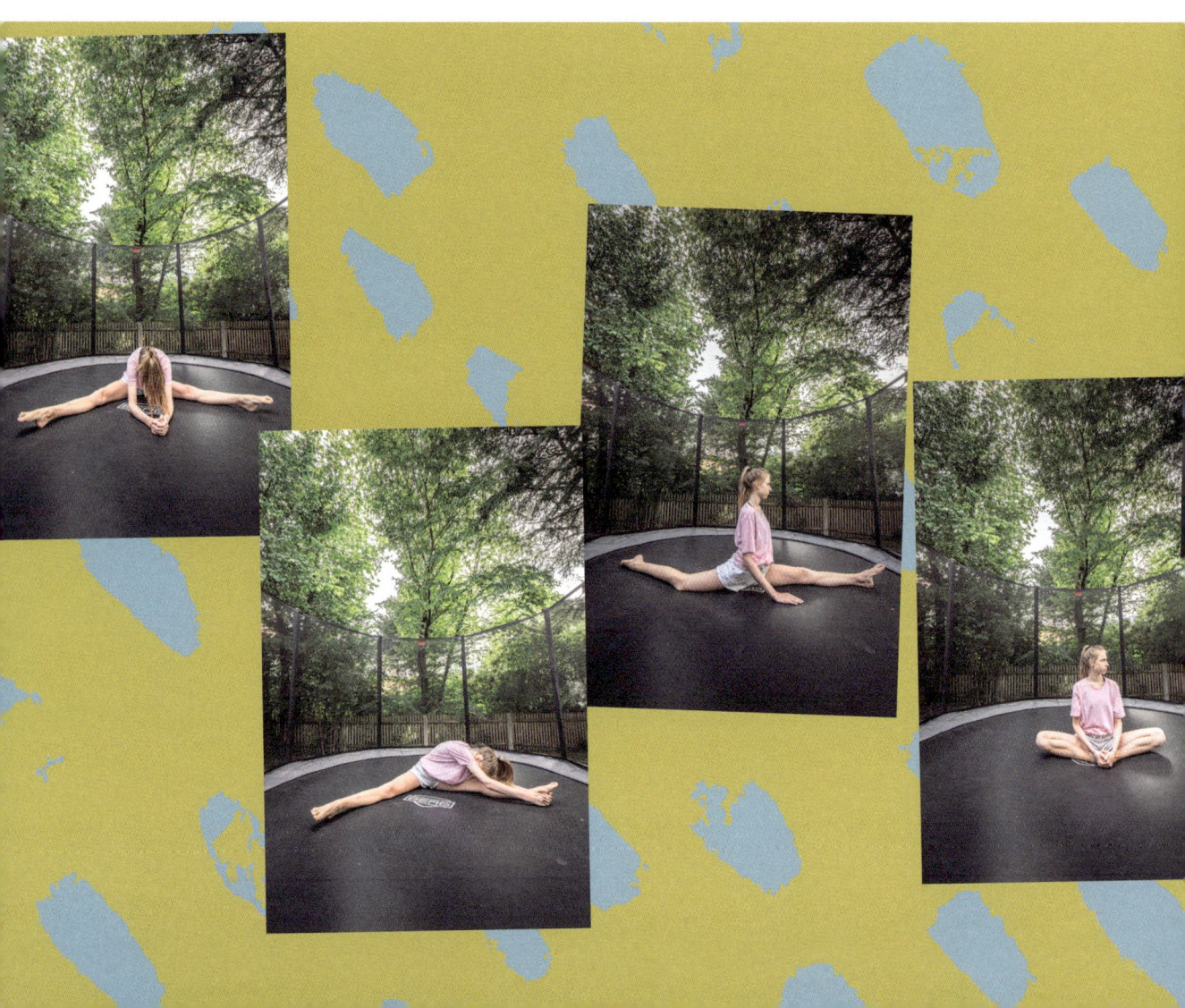

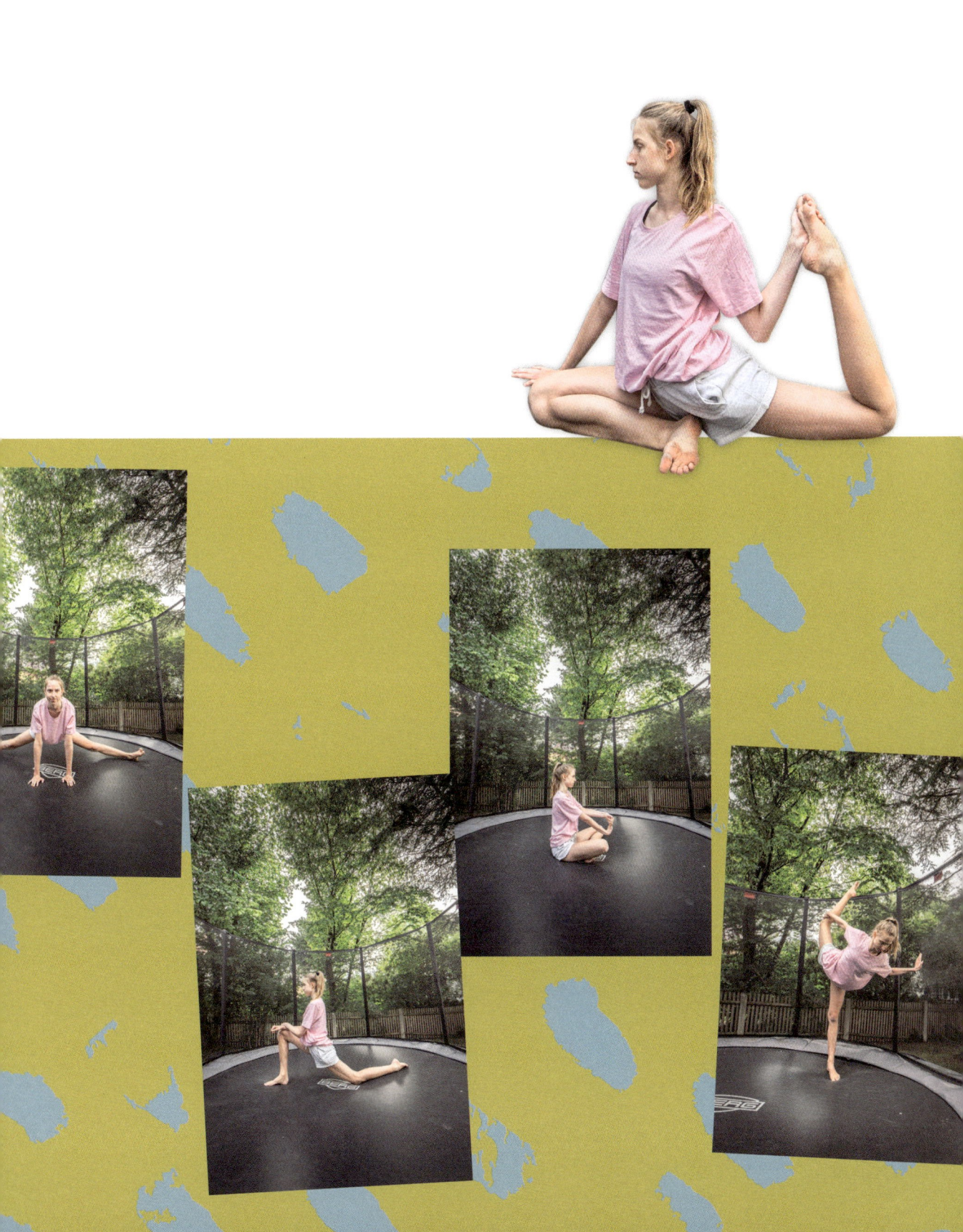

EASY
START
ING

GRUNDAUSBILDUNG

· **Ganze Schraube**

· **Kniesprung**

· **Knie-Hand-Sprung**

· **Sitzsprung**

· **Sitz-Knie-Sitz-Sprung**

· **Sitzsprung mit halber Schraube**

· **Schneidersitz**

· **Hocksprung**

· **Grätschsprung**

· **Spagatsprung**

· **Radschlag**

· **Radwende**

· **Rückensprung**

GANZE SCHRAUBE

Es gibt halbe Schrauben (180 Grad Drehung), ganze Schrauben (360 Grad), anderthalb Schrauben (540 Grad), Doppelschrauben (720 Grad) und so weiter. Bevor du versuchst, den Weltrekord des Japaners Kenzo Shirai mit seiner Vierfachschraube (1.440 Grad!), die er beim Bodenturnen 2013 aufgestellt hat, zu überbieten, starte erst mal mit einer ganzen Schraube. Olivia zeigt dir, wie sie geht.

1. Hüpf auf der Stelle und stoß dich auf dem Sprungtuch fest ab.

2. Dreh dich und streck die Arme nach oben, das gibt dir zusätzlichen Schwung.

3. 180 Grad erreicht - genieße die Aussicht! Gleich geht's wieder runter.

4. Weiterdrehen und die Hände über dem Kopf zusammenlegen.

5. Bereite die Landung vor, indem du das Sprungtuch anvisierst.

6. Sauber gelandet. Nun die Balance halten und freundlich lächeln.

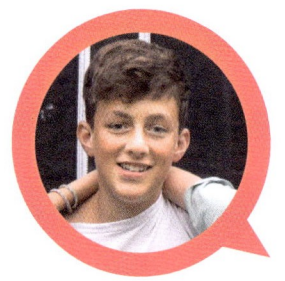

NOAH

„ICH HABE MAL FAST EINE DREIFACHSCHRAUBE HINBEKOMMEN — ALLERDINGS WAR DIE LANDUNG WENIGER ELEGANT."

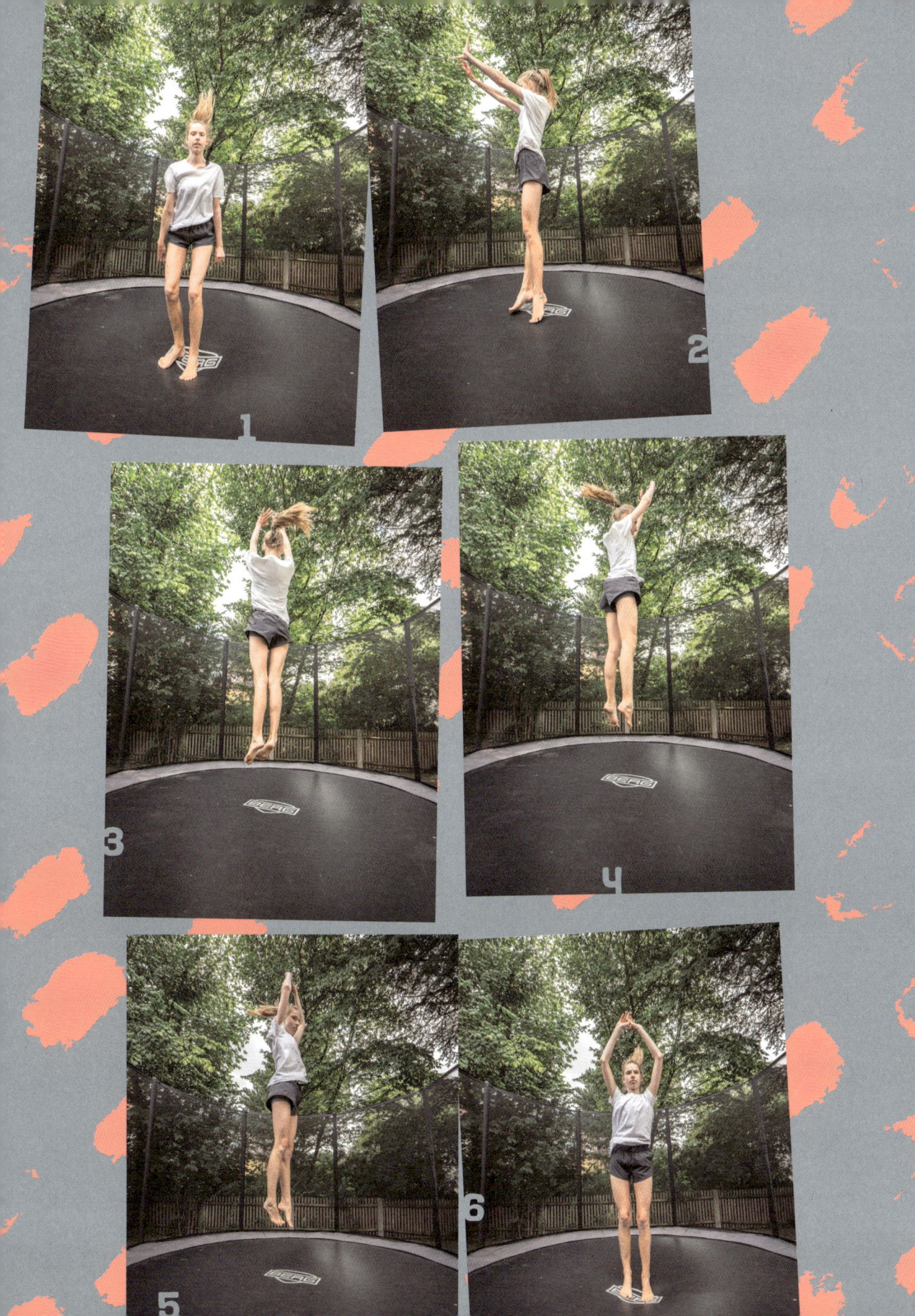

KNIESPRUNG

Der Kniesprung geht auf die Knie – tut aber nicht weh. Bei diesem Sprung musst du auf die Balance achten, wenn du nach dem Kniefall wieder in den Stand springst.

Besonders hübsch sieht die Übung aus, wenn du deine Arme ausstreckst. Hat auch zwei positive Nebeneffekte: Erstens kannst du damit deinen Körper besser ausbalancieren und zweitens stoßen die Hände bei der Landung nicht auf das Sprungtuch.

1. Kurzes Hüpfen auf der Stelle und gut abstoßen.

2. Mit Schwung nach oben, Beine anwinkeln und Arme zur Seite strecken.

3. Oben angekommen sollten die Arme waagerecht ausgestreckt und die Beine im 90-Grad-Winkel sein.

4. Jetzt geht's runter, und du bereitest dich auf eine sanfte Knielandung vor.

5. Pass auf, dass du seitlich nicht wegknickst, und hole noch mal ordentlich Schwung.

6. Up in the air – die Arme weiterhin wie Flügel halten und die Beine ausstrecken.

7. Die zweite Landung vorbereiten, das Tuch fest im Blick.

8. Perfekte Landung auf beiden Füßen. Jetzt kannst du die Arme wieder runternehmen und dich freuen.

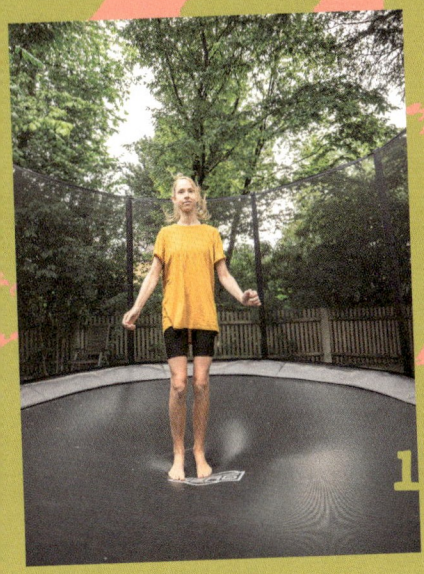

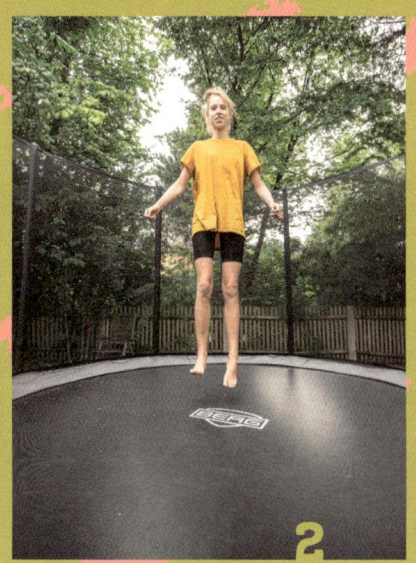

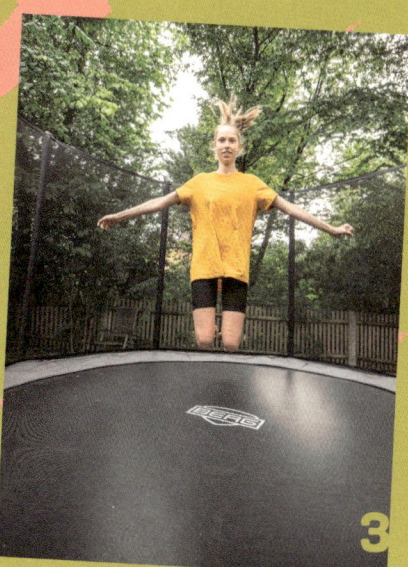

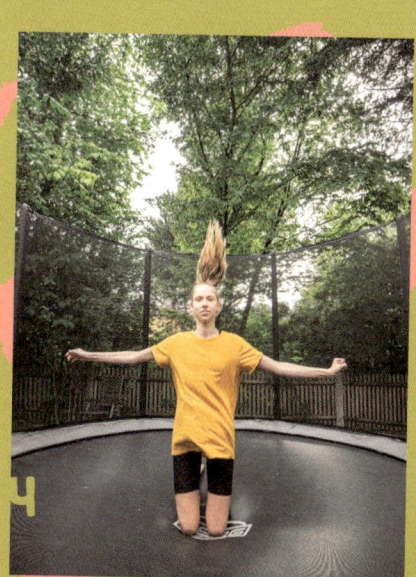

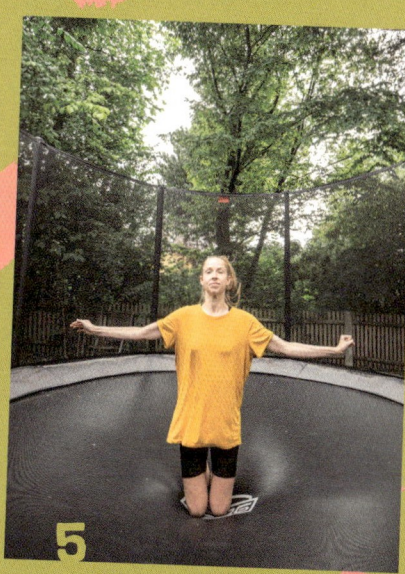

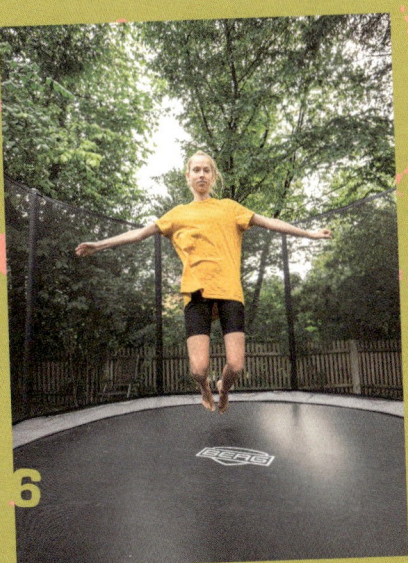

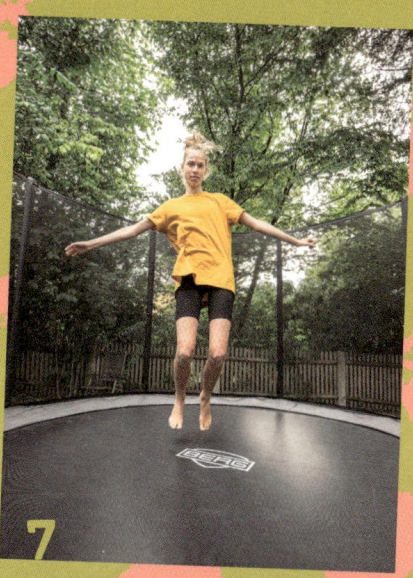

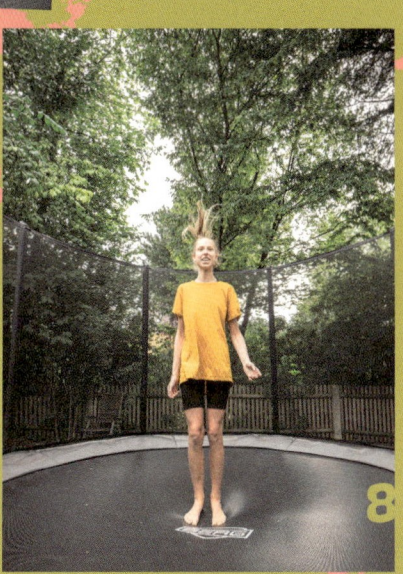

KNIE-HAND-SPRUNG

Auch wenn er unspektakulär klingt, macht dieser Jump ordentlich was her. Eigentlich ist es ein Handstand mit doppeltem Kniefall. Wow! Und dabei nicht zu schwer zu lernen.

1. Arme in die Luft, Körper anspannen und Schwung holen.

2. Absprung! Die Arme langsam nach unten führen.

3. Die Knie anwinkeln und mit den Augen das Tuch fixieren.

4. Auf den Knien landen und den Schwung ins Tuch verlagern.

5. Oberkörper und Hände nach vorne fallen lassen.

6. Mit dem Schwung die Beine nach oben ziehen, dabei den Körper anspannen.

7. Beine ausstrecken und den Körper (fast) in den Handstand bringen.

8. Bei der Landung die Beine anwinkeln und mit den Knien aufs Tuch.

9. Die Knie ins Tuch drücken und Schwung holen. Arme nach oben reißen.

10. Beim Hochhüpfen die Beine wieder ausstrecken.

11. Auf beiden Füßen landen und den Körper gerade ausstrecken.

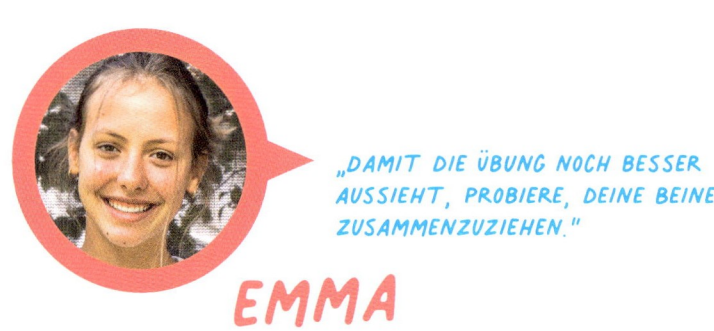

„DAMIT DIE ÜBUNG NOCH BESSER AUSSIEHT, PROBIERE, DEINE BEINE ZUSAMMENZUZIEHEN."

EMMA

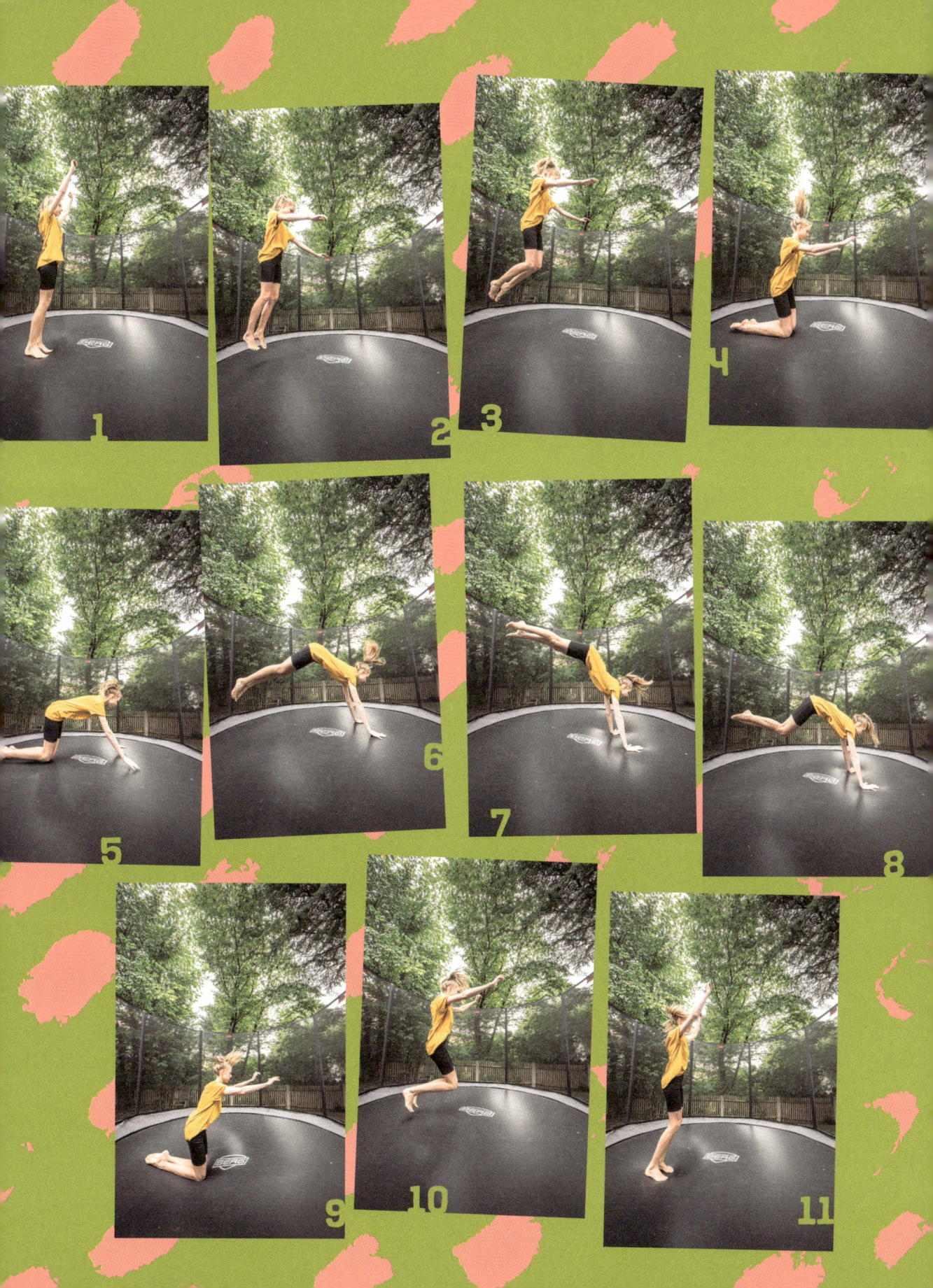

SITZSPRUNG

Dieser Sprung ist einer der Basics auf dem Trampolin. Er ist eine willkommene Abwechslung zu dem einfachen Hüpfen auf der Stelle. Er sieht leicht aus, aber das Sitzen muss geübt werden. Denn wenn du mit Po und Beinen nicht gleichzeitig auf dem Sprungtuch landest, kommst du nicht mehr in den Stand zurück, sondern fällst auf den Rücken, auf den Bauch oder irgendwie anders.

Versuche die Beine während der Übung zusammenzuhalten und gerade auszustrecken. Das sieht elegant aus und gibt Applaus von den Großeltern, die dir von der Terrasse aus zuschauen.

1. Mit gestrecktem Körper gerade nach oben hüpfen.

2. Oben angekommen die Beine leicht anwinkeln, versuche sie zusammenzuhalten.

3. Mit leicht schrägem Oberkörper in die Sitzposition wechseln.

4. Landung gleichzeitig mit Po, Beinen und Händen. Die Arme dabei neben dem Körper halten, die Ellenbogen gebeugt, die Finger zeigen nach vorne.

5. Lass dich vom Sprungtuch wieder nach oben federn. Dabei stoße den Körper mit den Händen ab.

6. Mit Schwung nach oben. Die Beine wieder anwinkeln und den Oberkörper strecken. Hier ist nun Körperspannung gefragt, damit Du kerzengerade wieder nach oben kommst.

7. Fast geschafft. Die Füße für die Landung vorbereiten, die Beine gerade ausstrecken.

8. Elegant auf beiden Füßen landen und fröhlich den Großeltern zulächeln.

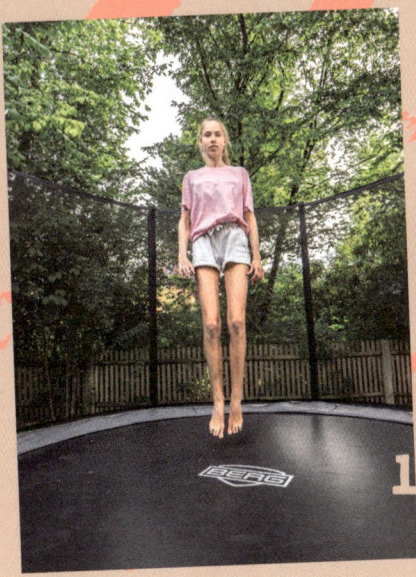

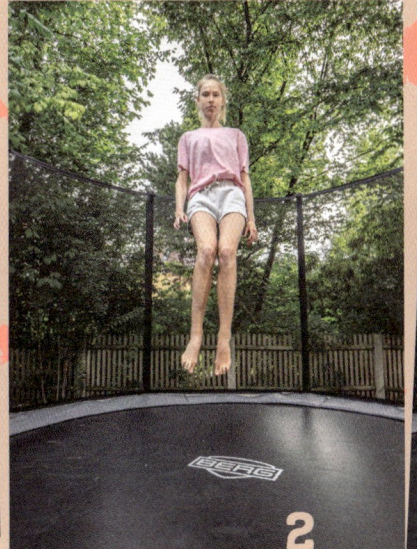

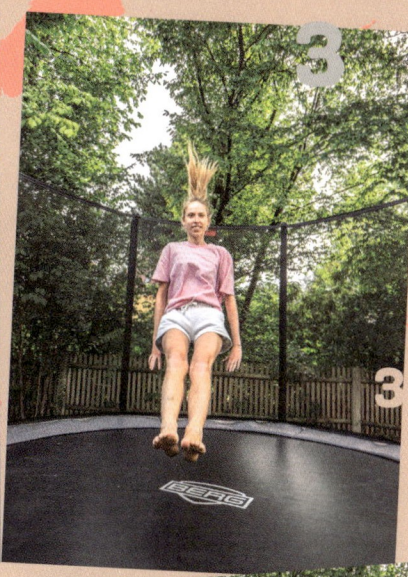

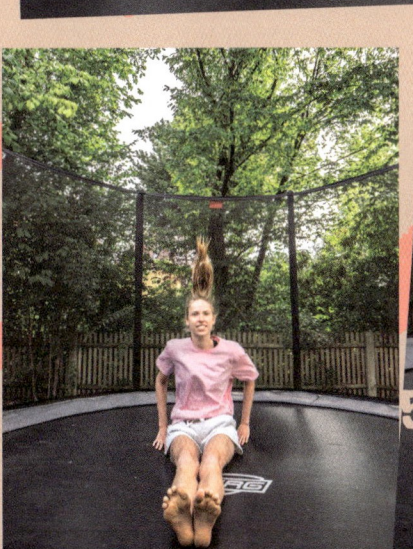

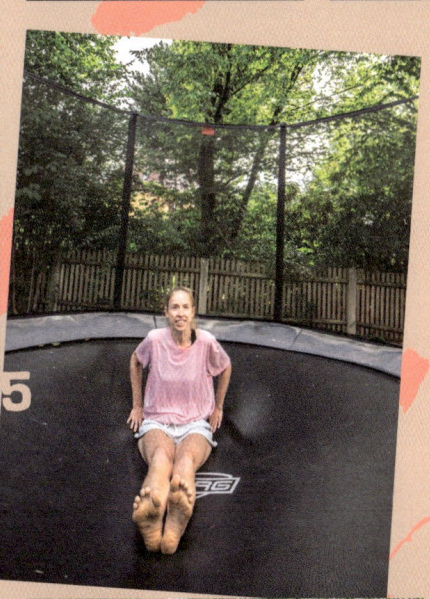

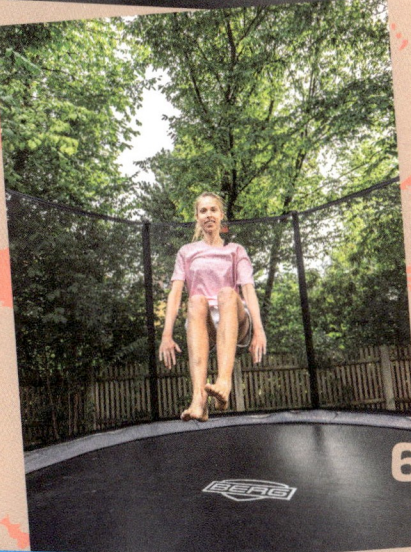

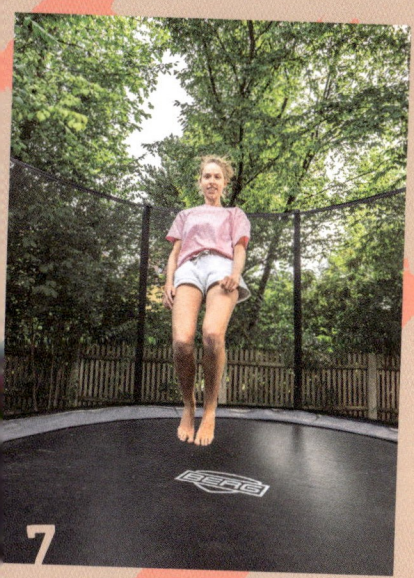

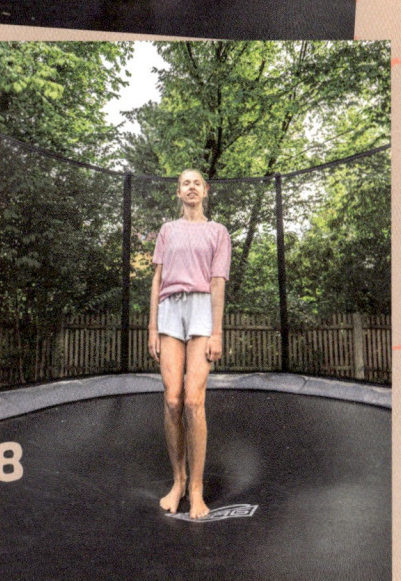

OLIVIAS TIPPS:

- BEINE ZUSAMMENZIEHEN UND STRECKEN
- ARME NEBEN KÖRPER, FINGER ZEIGEN NACH VORNE
- BEIM SPRUNG OBERKÖRPER LEICHT NACH HINTEN NEIGEN
- LANDUNG GLEICHZEITIG AUF PO, BEINEN UND HÄNDEN
- BEIM AUFRICHTEN KÖRPERSPANNUNG BEIBEHALTEN

SITZ-KNIE-SITZ-SPRUNG

Hier kommt man ganz schön in Bewegung. Erst sitzen, dann knien, dann wieder sitzen. Das Ganze lässt sich beliebig oft wiederholen. Wie oft schaffst du es hintereinander?

1. Los geht's! Gerade stehen und Schwung für den Jump holen.

2. Oben angekommen die Beine nach vorne ziehen.

3. Für die Landung Sitzposition in der Luft einnehmen.

4. In das Tuch springen und gleich wieder mit den Händen kräftig abstoßen.

5. Im Sprung die Füße nach hinten ziehen.

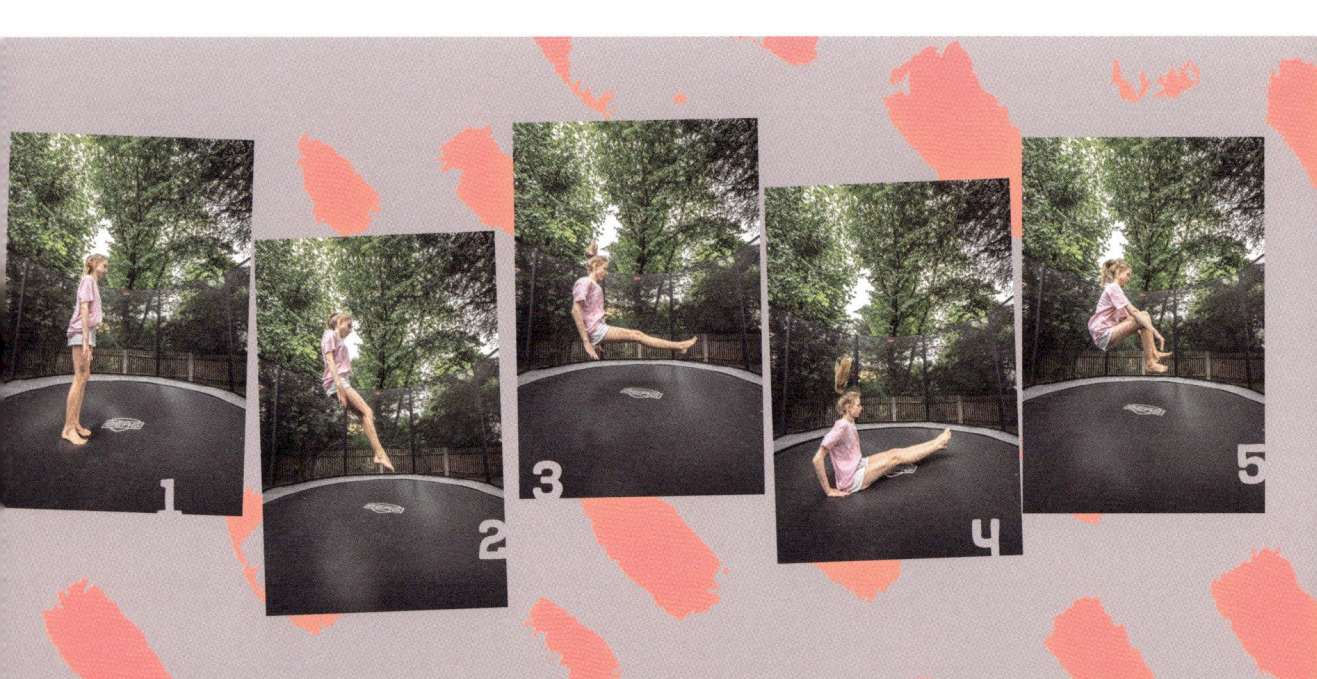

6. Die Landung in Knieposition vorbereiten.

7. Auf den Knien landen, den Oberkörper dabei gerade halten.

8. Lass dich mit dem Schwung nach oben drücken und zieh die Füße nach vorne.

9. Bei der Landung im Sitz mit den Händen auf dem Tuch abstützen.

10. Den Körper beim Hochhüpfen gerade nach oben strecken.

11. Landung auf beiden Füßen, die Arme an den Körper legen.

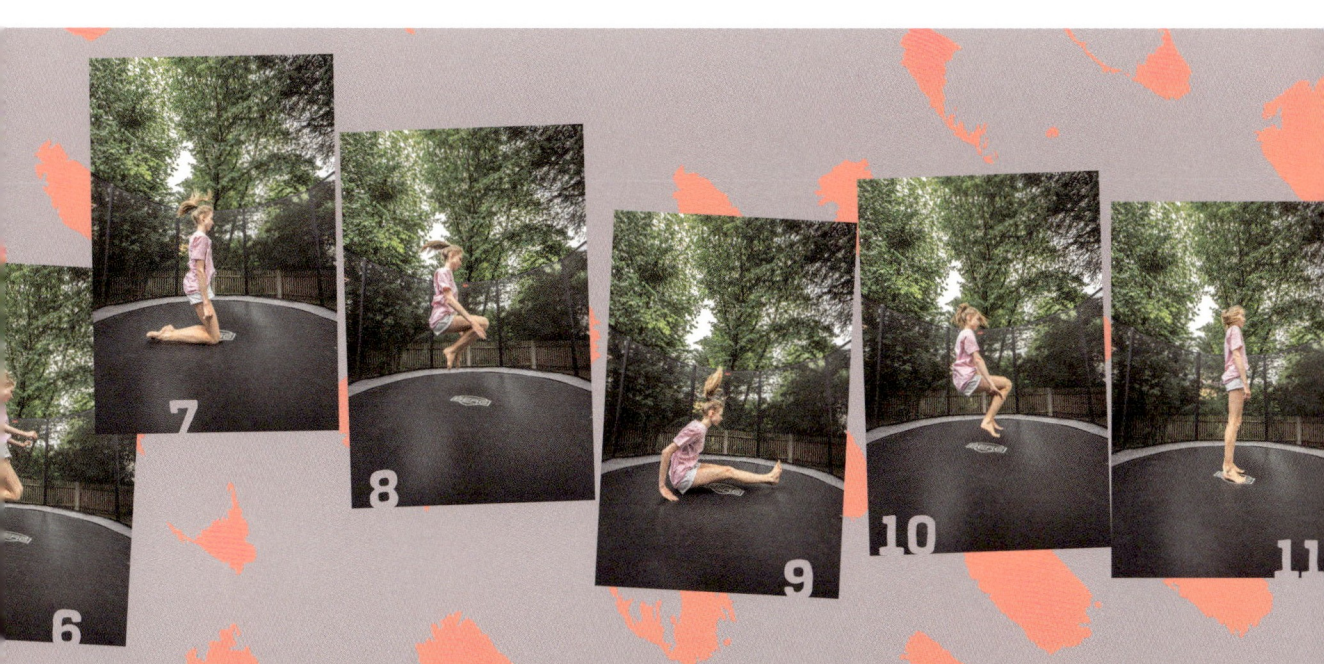

SITZSPRUNG MIT HALBER SCHRAUBE

Ein einfacher Trick, um auf dem Trampolin die Richtung zu wechseln, ist die 180-Grad-Schraube. Lässiger sieht es aus, wenn du dich einfach zur Seite fallen lässt und dich während des Sturzes drehst. Am Ende stehst du wieder, halt nur anders herum.

Damit du genug Schwung hast, um wieder in den Stand zu kommen, solltest du diese Übung nicht aus dem Stand, sondern aus dem Sprung machen.

1. Hüpf auf der Stelle und nimm Schwung für den Jump.

2. Stoße dich vom Tuch ab, drehe dabei den ausgestreckten Körper.

3. Dreh dich weiter in der Luft um deine Achse.

4. Geh in die Sitzposition und bereite dich auf die Landung vor.

5. Sitzlandung. Deine Hände stützen sich auf dem Sprungtuch ab.

6. Der Schwung befördert dich in die Luft. Wechsle vom Sitz in den Stand.

7. Bereite mit den Füßen die Landung vor, Beine ausstrecken.

8. Auf den Füßen gelandet. Kerzengrader Stand. Well done!

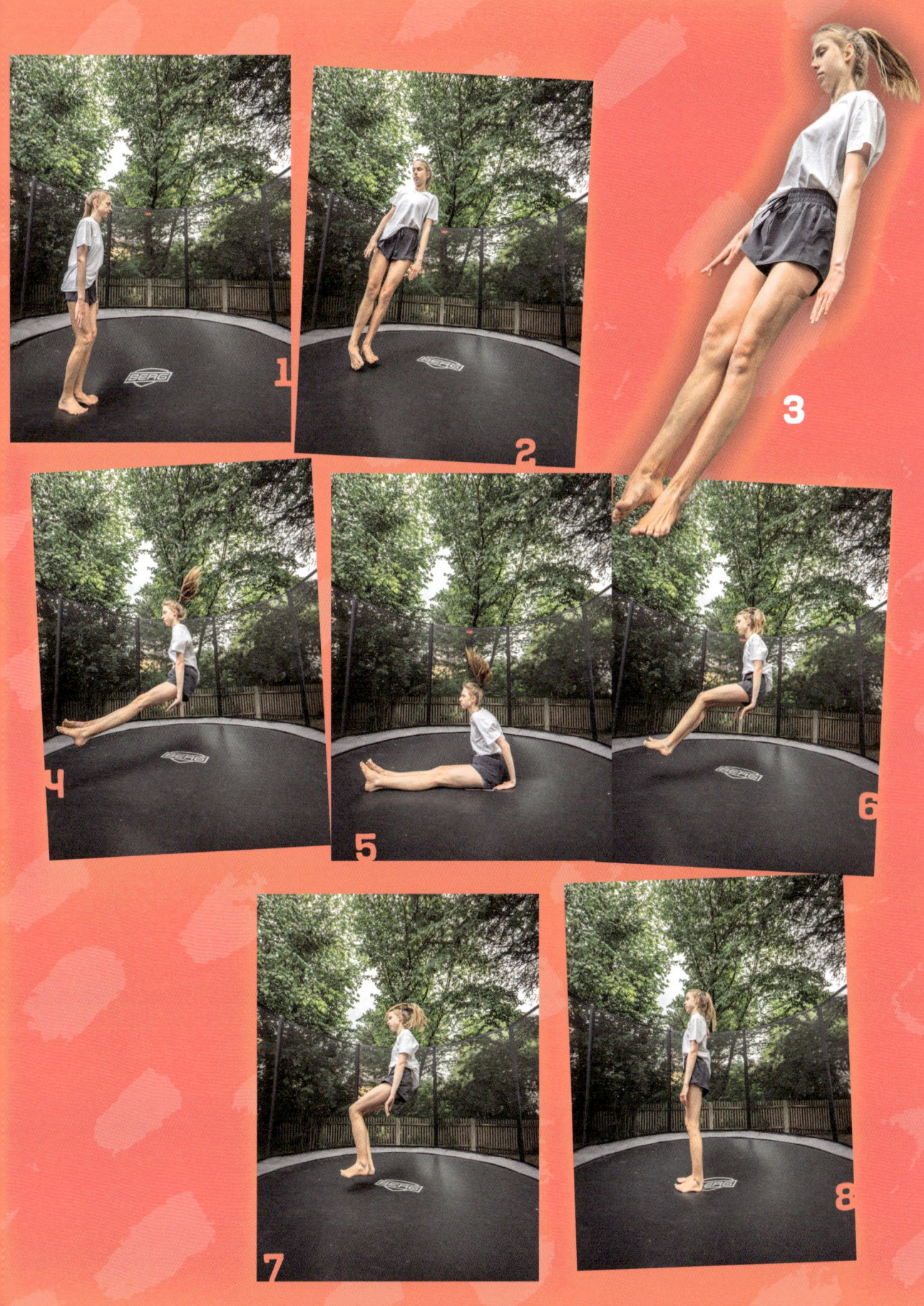

SCHNEIDERSITZ

Den Schneidersitz haben tatsächlich Schneider erfunden. Sie saßen früher beim Nähen mit gekreuzten Beinen auf dem Tisch, damit die Stoffe, die sie nähten, nicht bis zum dreckigen Fußboden hinunterhingen und abgeschnittene Stoffteile, nicht hinunterfielen.

Neben dem praktischen Nutzen, hat der Schneidersitz auch einen medizinischen: Er dehnt die Oberschenkel und das Becken. Im Yoga wird dieser Sitz zur Meditation eingesetzt.

Da sag doch mal einer, Trampolinspringen sei gefährlich. Es ist wohl doch eher gesund!

1. Ein paar Mal auf der Stelle hüpfen und kräftig abstoßen.

2. Mit Schwung nach oben, die Beine anwinkeln und überkreuzen.

3. Im Abwärtsflug in den Schneidersitz gehen.

4. Bei der Landung mit den Händen abstützen.

5. Mit ganzer Kraft den Körper ins Tuch drücken.

6. Mit Schwung wieder nach oben, dabei die Beine lockern.

7. Beine weiter gerade ausstrecken und auf die Landung vorbereiten.

8. Mit den Füßen souverän auf dem Tuch landen.

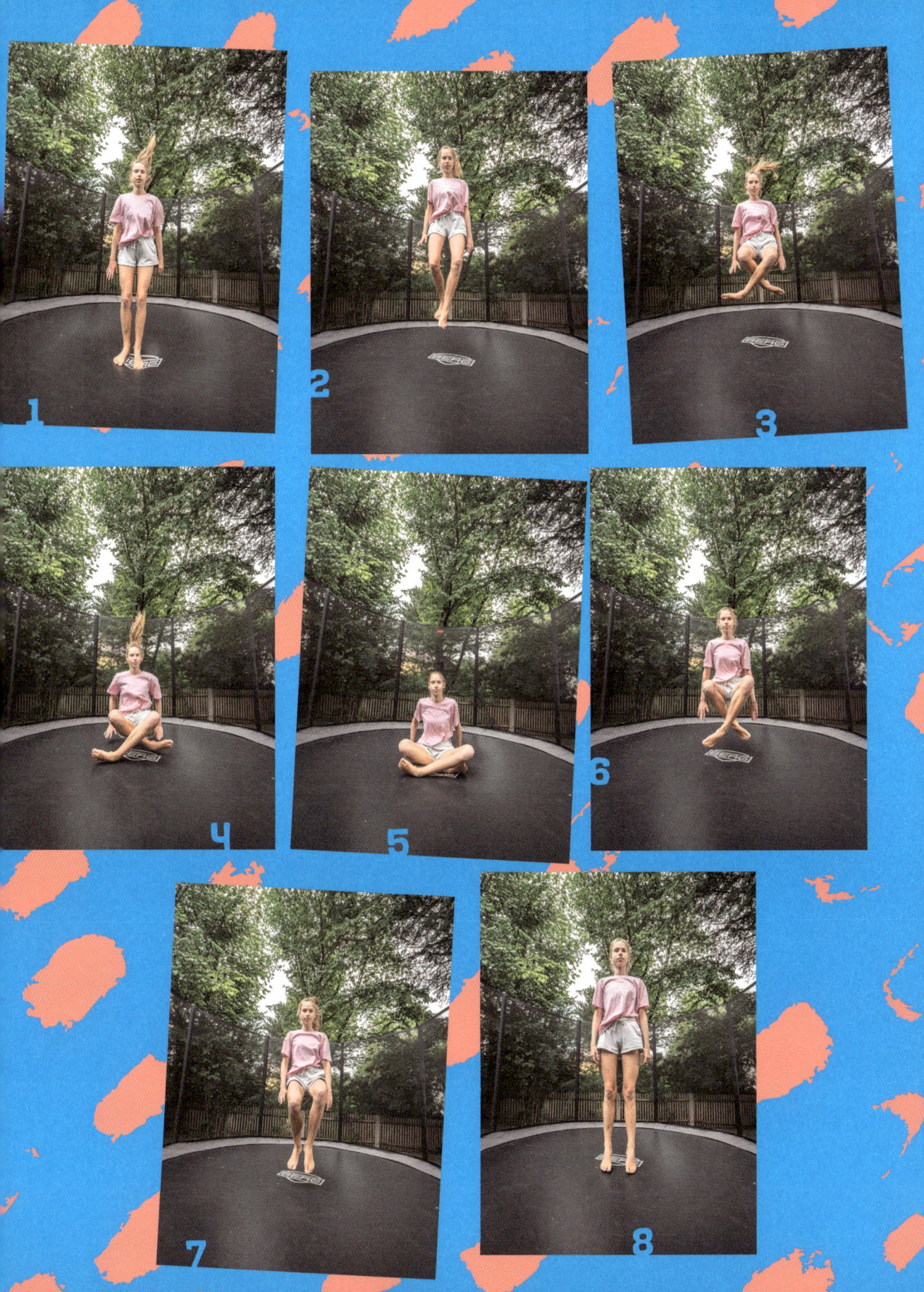

HOCKSPRUNG

In die Hocke gehen wir regelmäßig. Bei diesem Sprung machst du eine Hocke in der Luft. Dazu brauchst du Schnelligkeit, Beweglichkeit und Körperspannung, sonst siehst du eher wie ein fliegendes „Häschen in der Grube" aus. Also schön üben!

Olivia zeigt dir, wie es geht. Achte auf ihren durchgestreckten Rücken und die gerade Körperhaltung. Die Bilder sehen so aus, als wenn ihr Oberkörper in der Luft „steht" und sich nur die Knie von unten nach oben und wieder runter bewegen.

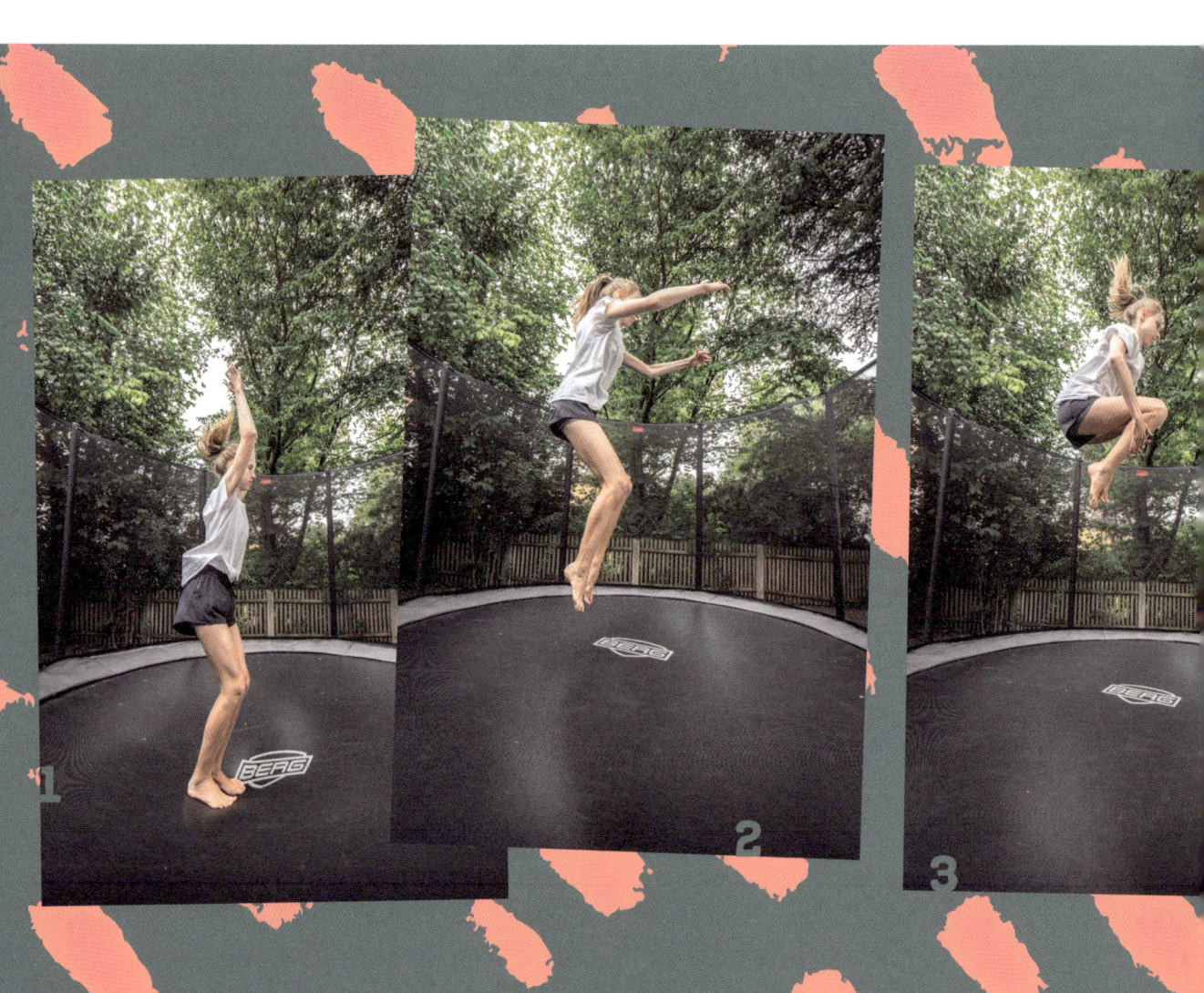

1. Hüpf ein wenig auf der Stelle, zieh die Arme hoch und spring ab.

2. Im Flug nach oben zieh die Knie ein und bewege die Arme nach unten.

3. Oben angekommen gehe in die Hocke. Halte den Oberkörper dabei gerade.

4. Runter geht's in umgekehrter Reihenfolge: Knie wieder lösen und Arme nach oben.

5. Bei der Landung streck die Arme in die Luft und finde einen sicheren Stand.

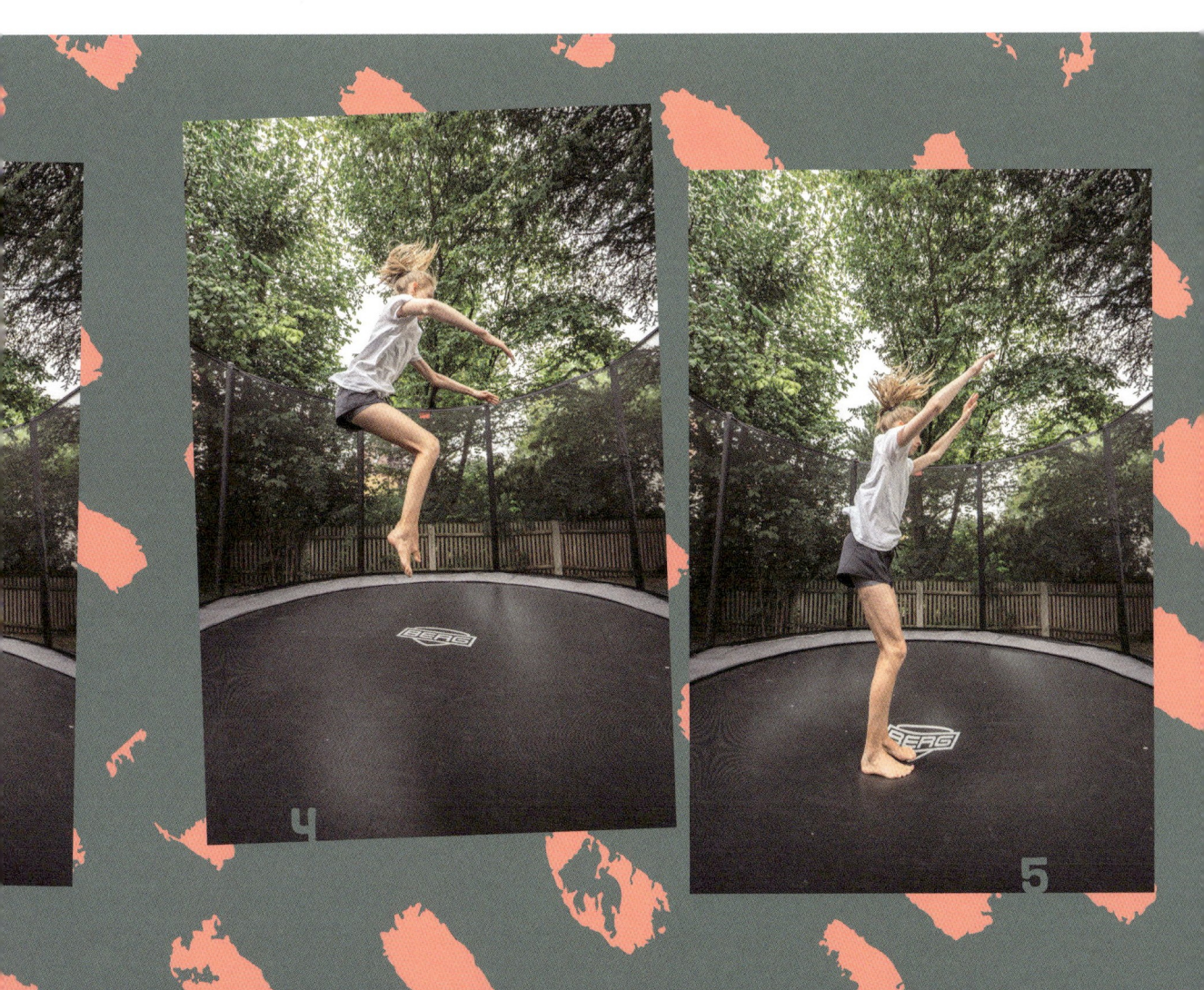

GRÄTSCHSPRUNG

Bei diesem Sprung merkst du, ob du dich ausreichend gedehnt hast und du deine Beine weit ausstrecken kannst. Wenn nicht, bist du nicht so beweglich und klappst deine Beine weniger auseinander.

Olivia beherrscht die Grätsche perfekt. Kein Wunder, sie war jahrelang in einer Artistenschule. Lass dich deshalb nicht entmutigen. Es reicht schon, wenn du auch weniger in die Grätsche gehst. Hauptsache du hast Spaß bei diesem „Hampelmann"-Jump. Du kannst die Arme auch gerne ausstrecken.

1. Kräftig mit Schwung ins Tuch springen.

2. Absprung und gerade mit dem Körper nach oben fliegen.

3. Während des Sprungs die Beine auseinandergrätschen und die Hände zusammenführen.

4. Oben angekommen machst du die Grätsche. Die Hände ziehst du nach unten.

5. Jetzt geht's wieder runter. Die Beine wieder zusammenklappen.

6. Mit den Füßen nebeneinander auf dem Tuch landen.

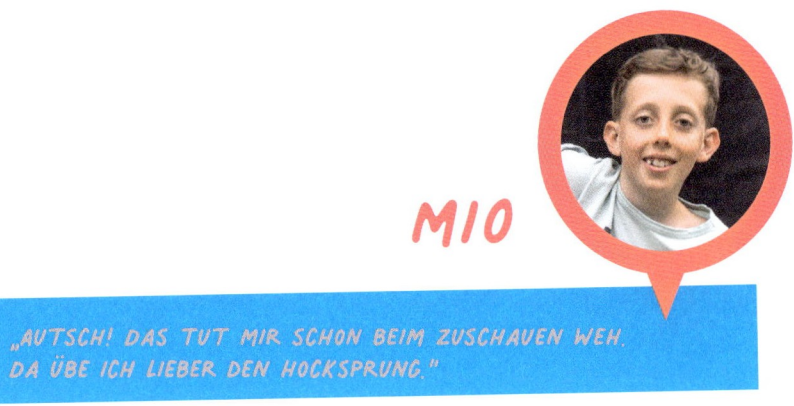

MIO

„AUTSCH! DAS TUT MIR SCHON BEIM ZUSCHAUEN WEH.
DA ÜBE ICH LIEBER DEN HOCKSPRUNG."

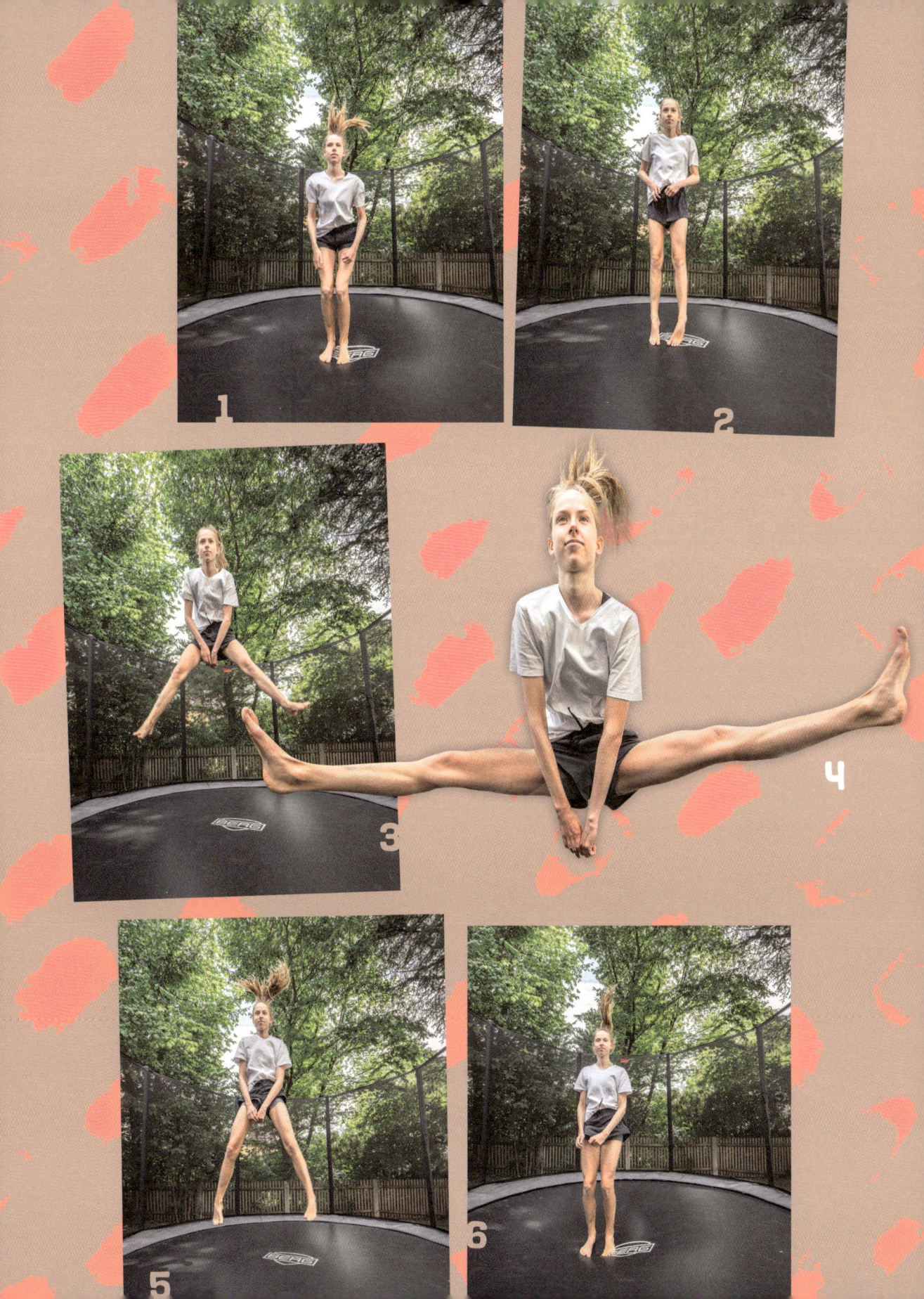

SPAGATSPRUNG

Einen sauberen Spagat können nicht viele, den Spagatsprung schon mehrere. Warum? Eigentlich ist er ein „frohlockender" Sprung. Schau dir Olivia auf Bild Nummer 4 an. Sieht fast so aus, als wenn ihr Mathelehrer in der fünften Stunde Hitzefrei gegeben hat. Jetzt schnell nach Hause springen und dabei nicht über die Schulranzen stolpern.

1. Mit Schwung vom Tuch abheben.

2. In der Luft die Arme und Beine auseinanderziehen.

3. Je nach Vorliebe linker Arm und linkes Bein vor, die anderen zurück.

4. Jetzt ist der richtige Zeitpunkt für den Schnappschuss: Die Beine und Arme liegen (fast) auf einer Linie. Der Oberkörper ist gestreckt. Top!

5. Beim Weg nach unten Beine und Arme wieder zurücknehmen.

6. Landung vorbereiten, dabei das Tuch anvisieren.

7. Sicher gelandet. Applaus!

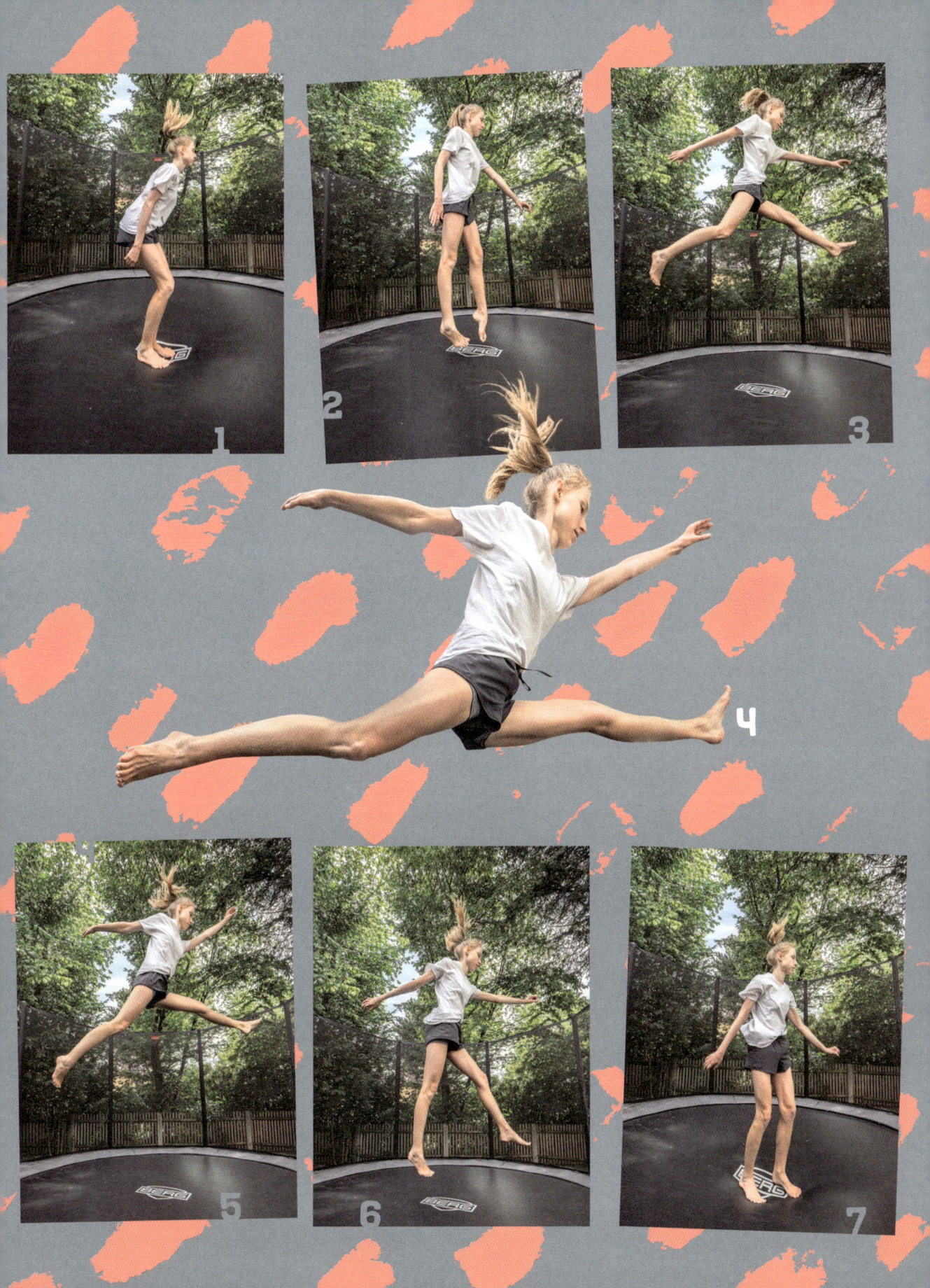

RADSCHLAG

Kennst du Daumenkino? Das ist ein Stapel einzelner Bilder, den man in der einen Hand hält und mit dem Daumen der andere Hand schnell durchblättert. Dabei verschwimmen die Bilder ineinander und die Szenen werden zu einem Film. So würde Olivias Radschlag auch aussehen, wenn du aus den Bilder ein Daumenkino basteln würdest.

1. Stell dich an den Rand des Trampolins und mach den ersten Schritt.

2. Den Oberkörper leicht seitlich beugen, die Arme nach vorne ausstrecken.

3. Kopfüber die Hände seitlich auf das Tuch stellen. Nacheinander erst die eine, dann die andere Hand.

4. Die Beine werden durch den Schwung mitgezogen. Achte darauf, dass du sie möglichst gestreckt hältst.

5. Wenn du auf den Händen stehst, bringe deine Beine in Balance.

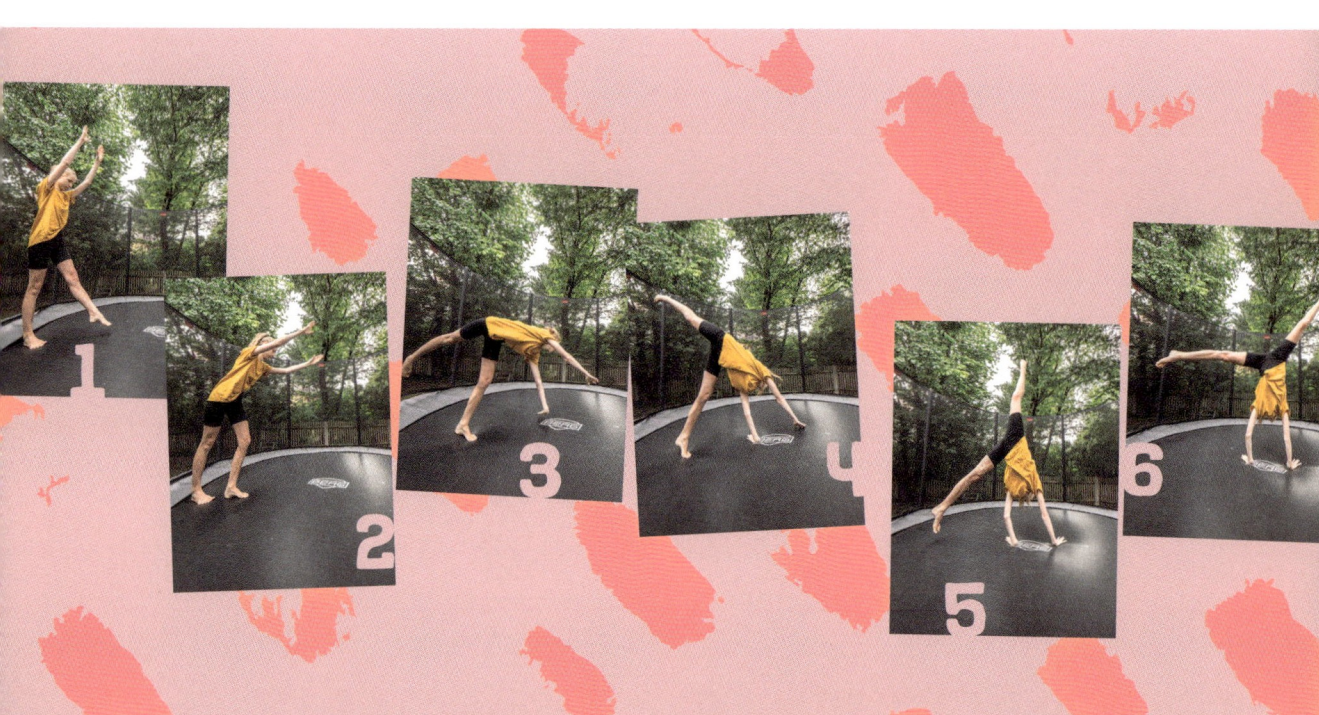

6. Die Beine weiter grätschen und nicht – wie beim Handstand – zusammenziehen.

7. Perfekt! Genieß die Aussicht auf dem Kopf.

8. Jetzt kommt der Überschlag. Verlagere das Gewicht wieder auf die Beine.

9. Ein Fuß landet auf dem Tuch, eine Hand verlässt das Tuch.

10. Mit der schwierigste Step: Nutze den Restschwung, um in den Stand zu kommen.

11. Die Füße stehen schon, zieh die Arme noch nach oben.

12. Gratulation!

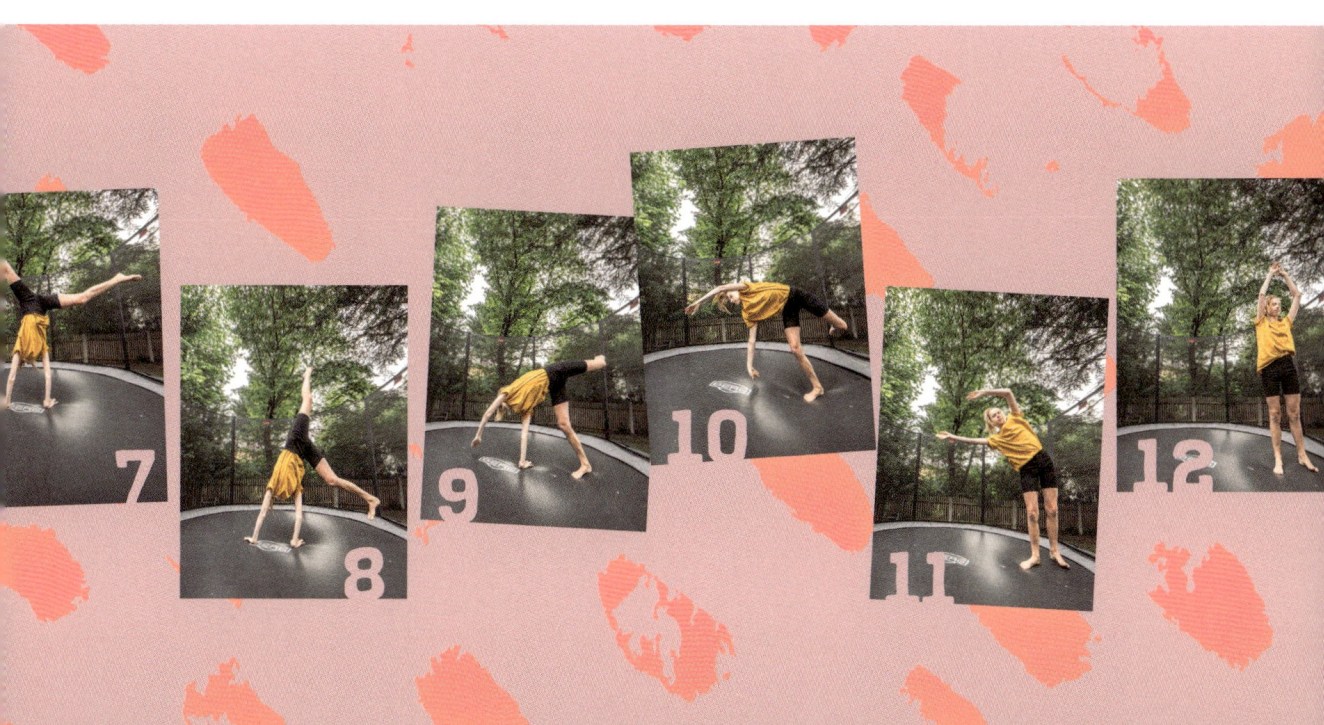

RADWENDE

Die Radwende kombiniert drei Figuren: einen Radschlag, einen Handstand und eine halbe Schraube. Einerseits drehst du dich seitlich um deine Körperachse und streckst dabei deinen Körper aus, sodass die Figur wie ein Rad ausschaut. Andererseits ziehst du die Beine aneinander und stehst in der Mitte der Übung im geraden Handstand. Am Ende landest du in entgegengesetzter Richtung auf dem Sprungtuch, da du in dem Move eine 180-Grad-Drehung gemacht hast.

Insofern ist die Radwende eine vielseitige Übung für deinen Körper. Aber auch ziemlich praktisch, wenn du dich sehr elegant umdrehen möchtest. Viel Spaß beim Üben!

1. Hüpf dich an dem Rand des Trampolins warm.

2. Nimm Schwung und spring mit beiden Füßen gleichzeitig ab.

3. Beuge deinen Oberkörper seitlich nach vorne und greif mit den Händen zum Sprungtuch.

4. Wenn du Boden unter den Händen spürst, zieh die Beine nach oben.

5. Jetzt stehst du für eine Millisekunde im Handstand. Das ist deine Zeit!

6. Lass die Beine weiterhin zusammen und gestreckt. Sie bewegen sich wieder Richtung Boden.

7. Mit einer Vierteldrehung bereite die Landung vor. Die Hände nacheinander nach oben strecken.

8. Gelandet. Mit dem restlichen Schwung den Oberkörper gerade aufrichten.

9. Noch einen Freudensprung, und du hast dich im Rad gewendet.

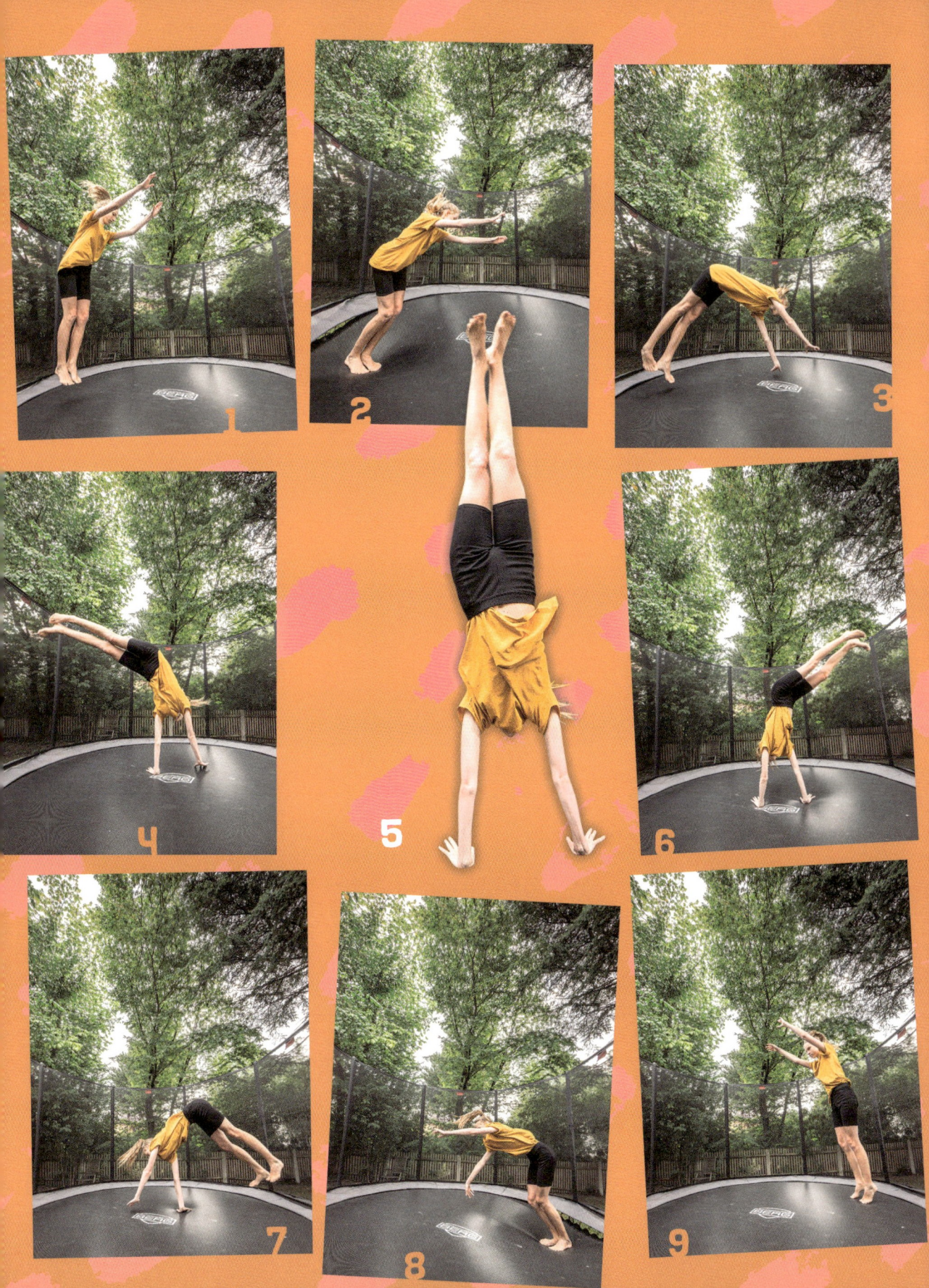

RÜCKENSPRUNG

Im Schwimmbad tut ein Rückenklatscher ordentlich weh, auf dem Trampolin nicht. Das Trampolin hat einen weiteren Vorzug bei diesem waghalsigen Sprung: Du bleibst nicht hilflos wie ein Käfer auf dem Rücken liegen, sondern wirst wieder hochkatapultiert. Und da diesmal nicht nur die Füße, die Knie oder der Po für den Sprungimpuls sorgen, sondern der ganze Rücken, bekommst du auch ordentlich Schwung.

Den brauchst du auch, denn dein Körper soll ja aus der Liege- wieder in die Standposition aufgerichtet werden. Es dauert ein wenig, bis du die richtige Rückenhaltung bei der Federung raushast. Aber dann willst du bestimmt gar nicht mehr aufhören mit dem Rückensprung.

Olivias Bruder Julius hat den Jump mit James-Bond-Anzug und (Plastik-) Pistole übrigens schon lange drauf. Ähnelt wohl einer Szene aus irgendeinem der Filme.

1. Federe leicht auf der Stelle.

2. Knick die Beine ein und lass dich nach hinten fallen.

3. Mit den Armen am Körper sorgst du für einen geraden Rücken.

4. Zieh die Knie weiter an den Körper, dass du etwa im 90-Grad-Winkel landest.

5. Lass dich ins Sprungtuch fallen und gleich wieder hochkatapultieren.

6. Richte den Oberkörper im Flug auf.

7. Die Knie anwinkeln und in der Hocke landen.

8. Mit Schwung aufrichten und zum Stehen kommen. Peng!

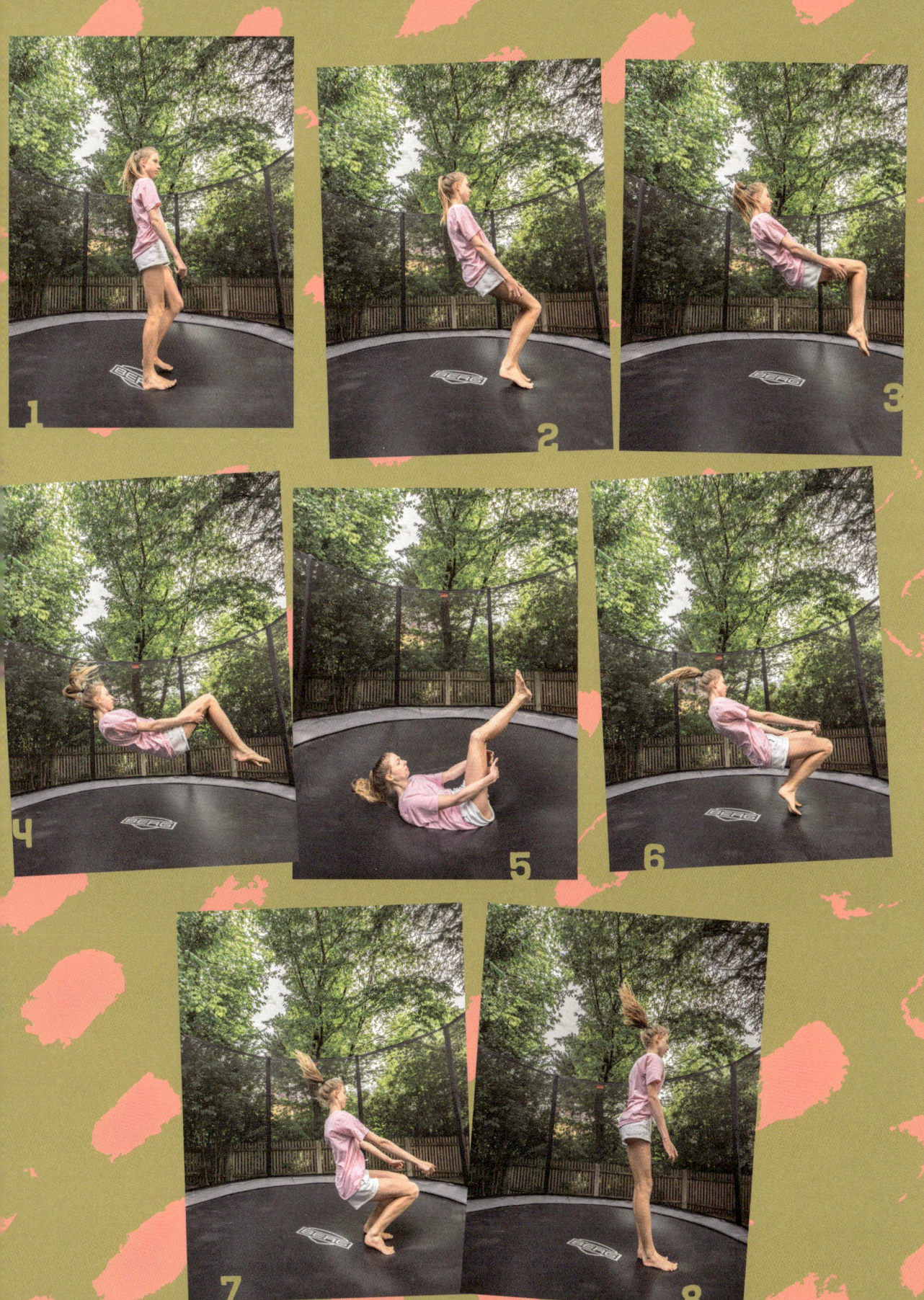

BIG
JUMPS

MEISTERSCHULE

- **Abgerollter Handstandüberschlag**
- **Handstandüberschlag aus dem Sprung**
- **Handstandüberschlag aus dem Stand**
- **Gespreizter Handstandüberschlag**
- **Salto vorwärts**
- **Salto rückwärts**
- **Flickflack**
- **Gespreizter Flickflack**
- **Blindsprung**

ABGEROLLTER HANDSTANDÜBERSCHLAG

Willkommen in der Meisterschule! Nachdem du die Grundausbildung bestanden und damit dein Trampolin gut kennengelernt hast, stellt Olivia dir in diesem Kapitel die Big Jumps vor. Es geht los mit einem abgerollten Handstandüberschlag. Durch das Abrollen kannst du dich auf den richtigen – schwierigeren – Überschlag vorbereiten. Sobald du im Handstand umzufallen drohst, knickst du die Arme ein, rollst deinen Oberkörper zusammen und hüpfst einen Purzelbaum.

1. Stell dich breitbeinig an den Rand des Trampolins.

2. Lass dich kopfüber mit ausgestreckten Armen auf das Tuch fallen.

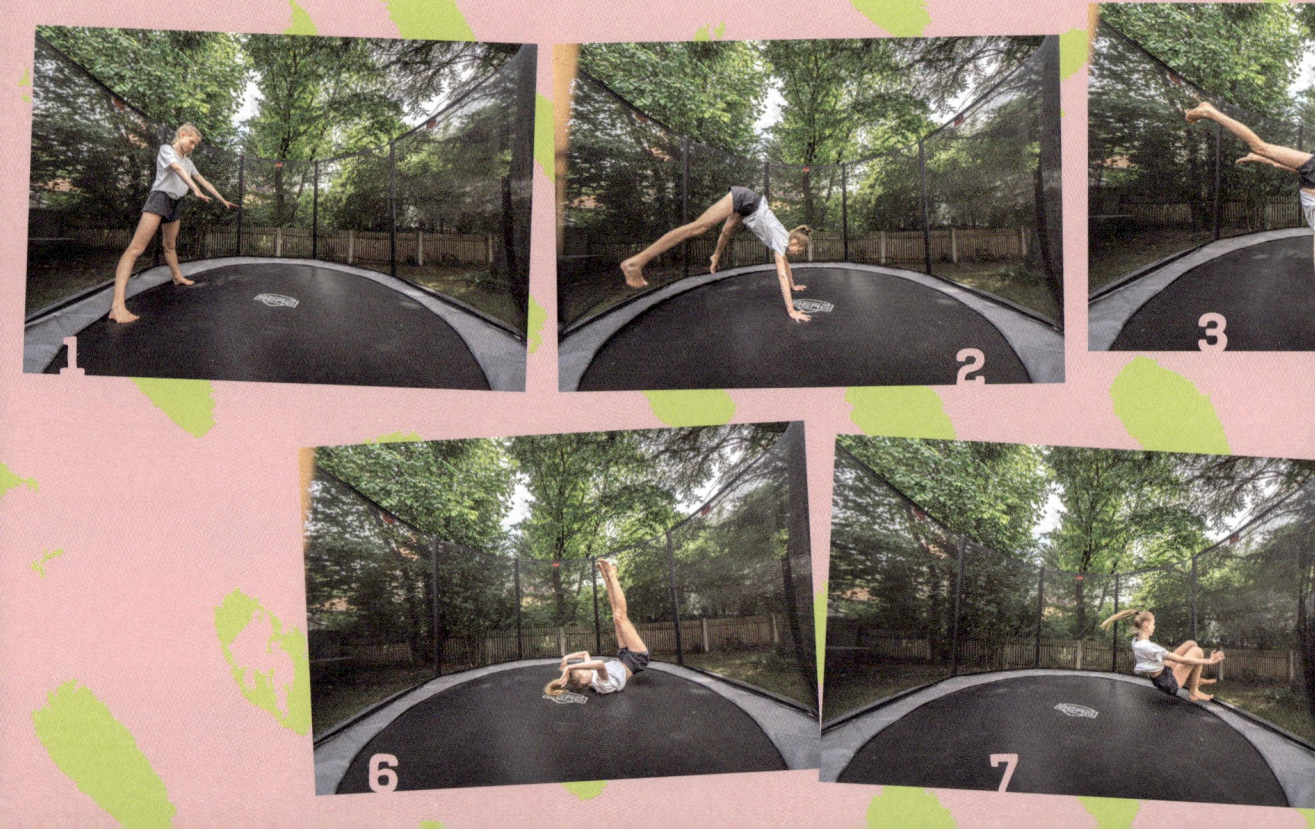

3. Stütz dich auf den Händen ab, den Oberkörper ausgestreckt, und zieh die Beine weit nach oben.

4. Bring dich in den Handstand und zieh die Beine zusammen.

5. Nutze den Schwung und lass dich nach hinten fallen. Die Beine bleiben ausgestreckt.

6. Lege das Kinn auf die Brust und beuge den Oberkörper, sodass du möglichst auf den Schultern landest.

7. Das Sprungtuch stößt dich nach oben zurück. Mach dich klein, um in der Hocke zu landen.

8. Richte dich mit dem restlichen Schwung wieder auf.

9. Glückwunsch, du stehst! Den ersten Big Jump hast du hinter dir.

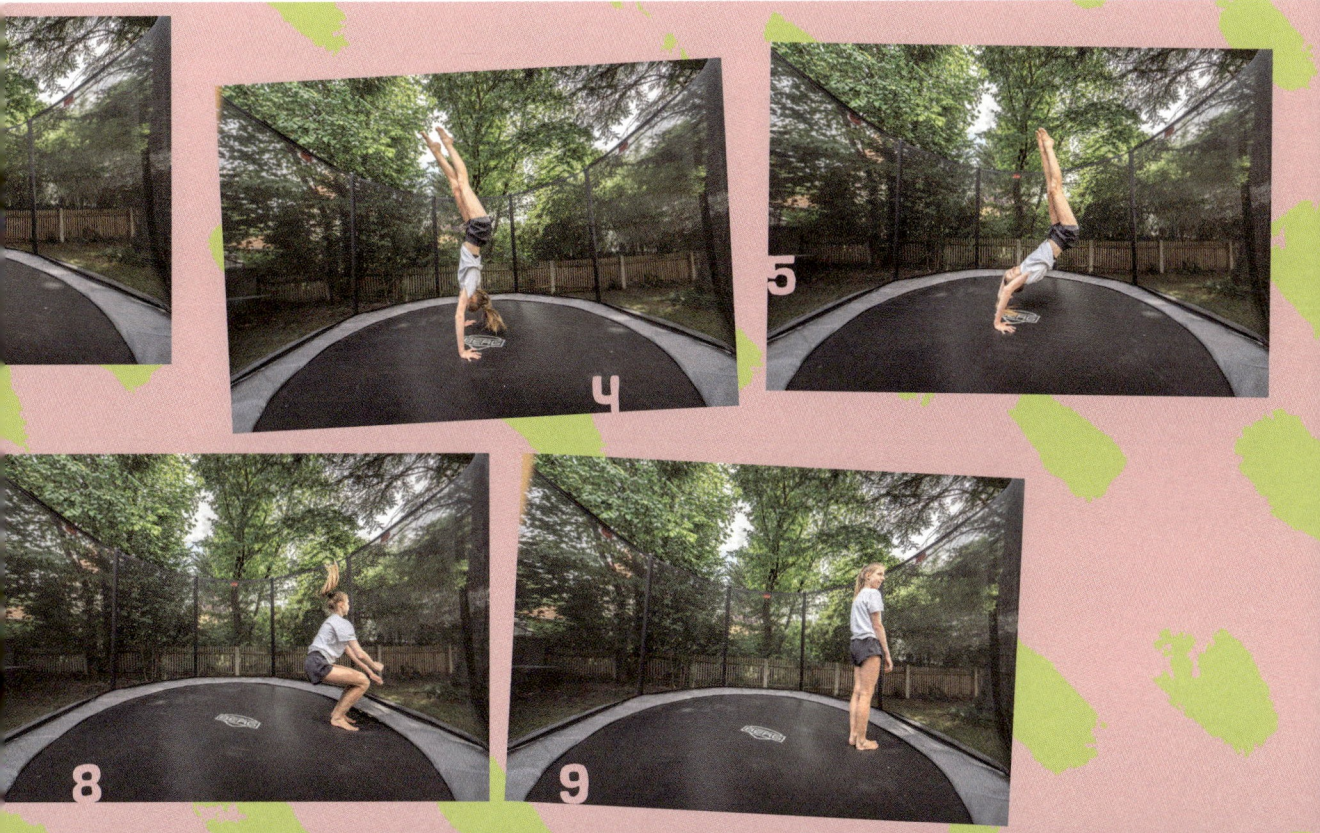

HANDSTANDÜBERSCHLAG AUS DEM SPRUNG

Wenn du dich erst ein bisschen einspringst und dann Schwung holst, macht der Handstandüberschlag besonders viel Spaß. Allerdings musst du darauf achten, dass du nicht zu stark hüpfst, sonst landest du auf dem Rücken oder irgendwo im Netz. Olivia zeigt dir, wie du diesen Jump meisterst.

1. Starte mit Hüpfern auf der Stelle, um die richtige Ausgangsbasis zu finden.

2. Fixiere beim Absprung den Punkt auf dem Tuch, wo du mit den Händen aufsetzt. Die Arme zeigen nach vorne.

3. Nun kopfüber mit den Händen auf das Tuch springen. Die Beine durch den Schwung nach oben ziehen.

4. Versuche gerade in den Handstand zu kommen und den Körper dabei zu strecken.

5. Der Schwung hilft dir bei dem Überschlag. Halte den Körper angespannt und die Beine zusammen.

6. Bereite dich auf die Landung vor und strecke die Arme mit dem Oberkörper nach oben.

7. Bei der Landung balanciere deinen Körper richtig aus.

8. Geschafft! Nach ein bis zwei Hüpfern stehst du wieder sicher auf dem Tuch.

> ### HANDSTANDÜBERSCHLAG AUS DEM STAND
> DIESE ÜBUNG IST EIN KLASSIKER IM BODENTURNEN UND LÄSST SICH AUCH AUF DEM TRAMPOLIN MACHEN. DA DU ALLERDINGS KEINEN ANLAUF NEHMEN KANNST UND DIR AM ANFANG DER SCHWUNG FEHLT, MUSST DU DICH KRÄFTIG ABSTÜTZEN. DAFÜR FÄLLST DU AUF DEM TRAMPOLIN NICHT SO HART WIE BEIM TURNEN UND HAST DURCH DIE BODENHAFTUNG EINE BESSERE KONTROLLE ÜBER DEINEN KÖRPER ALS BEI DER SPRUNGVARIANTE.

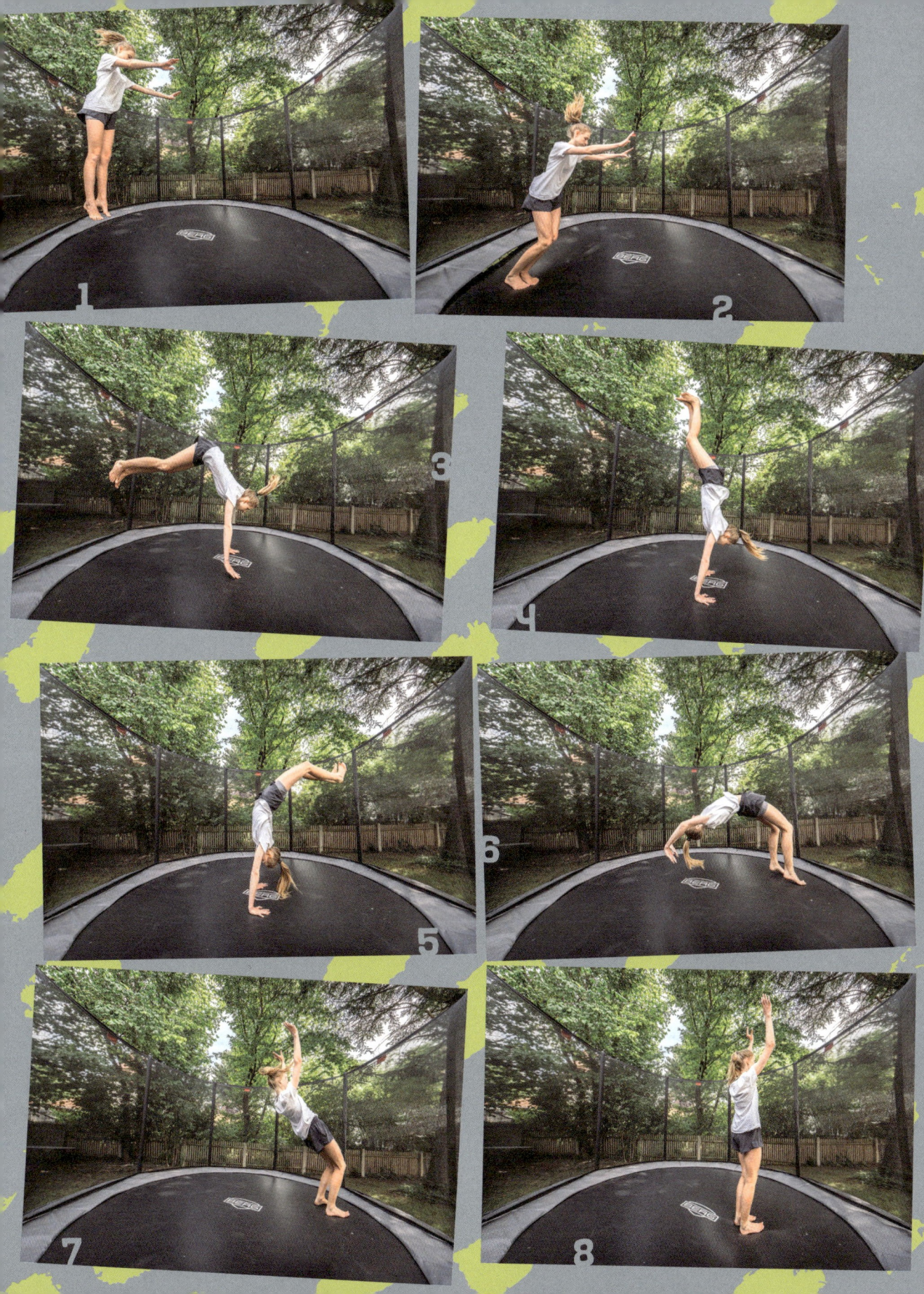

GESPREIZTER HANDSTANDÜBERSCHLAG

Handstand? Okay! Überschlag? Okay! Gespreizt? Okay! Aber alles zusammen?

Diesen Jump hat Olivia sich selbst ausgedacht. Anstatt mit aneinanderliegenden Beinen in den Handstand zu gehen, macht sie einen Spreizschritt. Das ist ein wenig schwieriger als der normale Überschlag, sieht dafür aber besser aus.

1. Starte mit Hüpfbewegungen auf der Stelle.

2. Ein letzter Hüpfer. Bring dich dabei für den Spreizschritt in die richtige Stellung.

3. Bei der Landung leicht vorbeugen. Stell das Standbein nach vorne und streck die Arme weit nach vorne.

4. Stütz dich mit den Händen kopfüber auf das Tuch und zieh ein Bein nach oben.

5. Geh in den Handstand und zieh das andere Bein nach.

6. Streck beide Beine in den Himmel – möglichst parallel.

7. Nun der Überschlag wie gehabt. Stoß dich mit den Händen vom Sprungtuch ab.

8. Verlagere das Gewicht auf die Beine und bereite dich auf die Landung vor.

9. Mit dem Restschwung bring dich in den Stand. Körper ausstrecken.

10. Geschafft! Du kannst stolz auf dich sein.

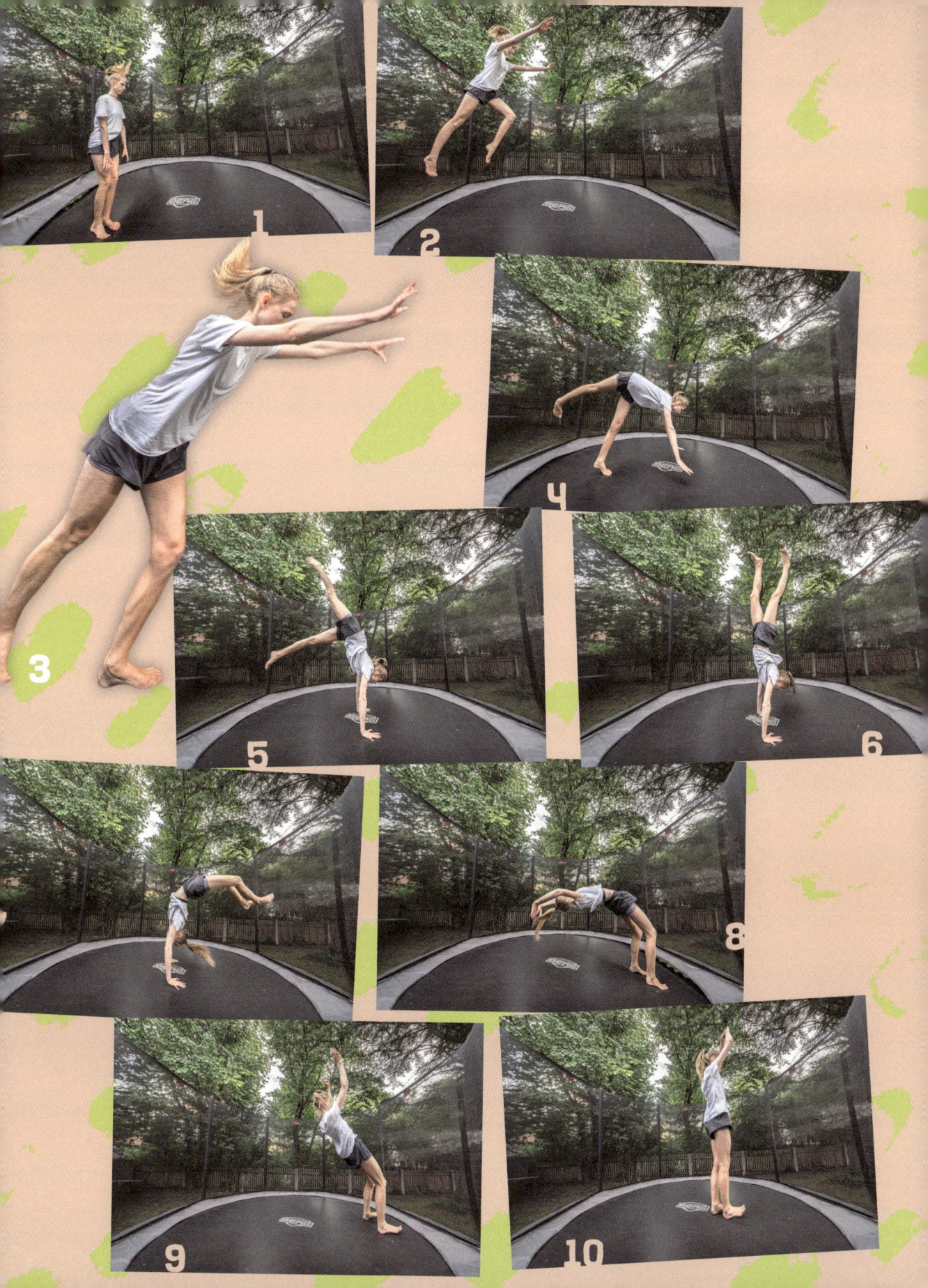

SALTO VORWÄRTS

Eigentlich ist dieser Sprung nichts anderes als ein Purzelbaum in der Luft. Die Schwierig-
keit liegt darin, wieder stabil auf den Füßen zu landen. Mit ein bisschen Übung auf dem
Sprungtuch schaffst du es bald. Wenn du erst mal den Dreh raus hast, funktioniert der
Salto von ganz alleine.

1. Grundhaltung: Streck den Körper gerade aus und halte die Arme nach oben. So wie du
   mit einem Kopfsprung ins Schwimmbecken springst, geben dir die Arme beim Salto die
   Richtung vor.

2. Leicht in die Knie gehen und Schwung für den Sprung holen. Mit den Augen fixierst du
   das Sprungtuch.

3. Kräftig vom Tuch abstoßen und dabei den Körper beugen. Stell dir vor, dass du über
   deinen kleinen Bruder springst und ihn nicht berühren möchtest.

4. Geschafft - dein Bruder ist unverletzt. Nutze den Schwung, um dich in der Luft zu
   rollen. Und keine Angst: Das Sprungtuch ist weich.

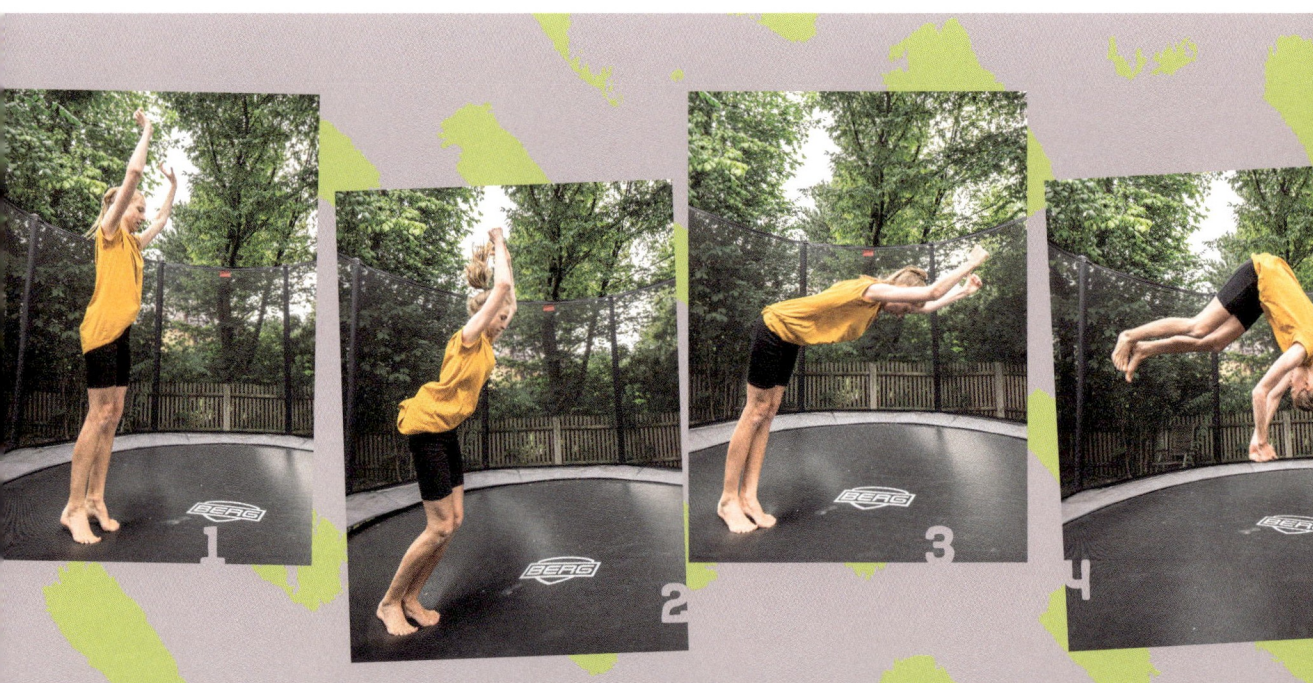

EMILIA

„MEINE SCHWESTER OLIVIA SCHAFFT DEN SALTO VORWÄRTS MITTLERWEILE IM SCHLAF, ICH ÜBE NOCH. DER SALTO GEHT LEICHTER, WENN DU WÄHREND DES SPRUNGS DAS TUCH ANSCHAUST UND DIE ARME HOCH HÄLTST."

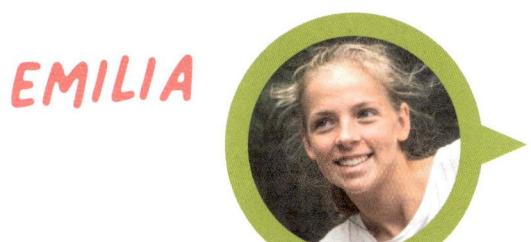

5. Nun siehst du den Himmel, das heißt du kannst dich für die Landung vorbereiten. Zieh deine Arme an den Körper, dadurch drehst du dich schneller.

6. Jetzt sieht es aus, als wenn du in der Luft liegst. Deine Arme sind wieder am Körper und mit dem letzten Schwung streckst du die Beine wieder gerade aus.

7. Bei der Landung kommst du zwar schräg auf, aber durch den Schwung stehst du gleich wieder gerade. Jetzt heißt es, die Balance zu finden. Die Landung ist beim Salto das Schwierigste.

8. Applaus! Du bist sauber gelandet und stehst wieder gerade auf dem Trampolin. Gleich noch einen Salto hinterher?

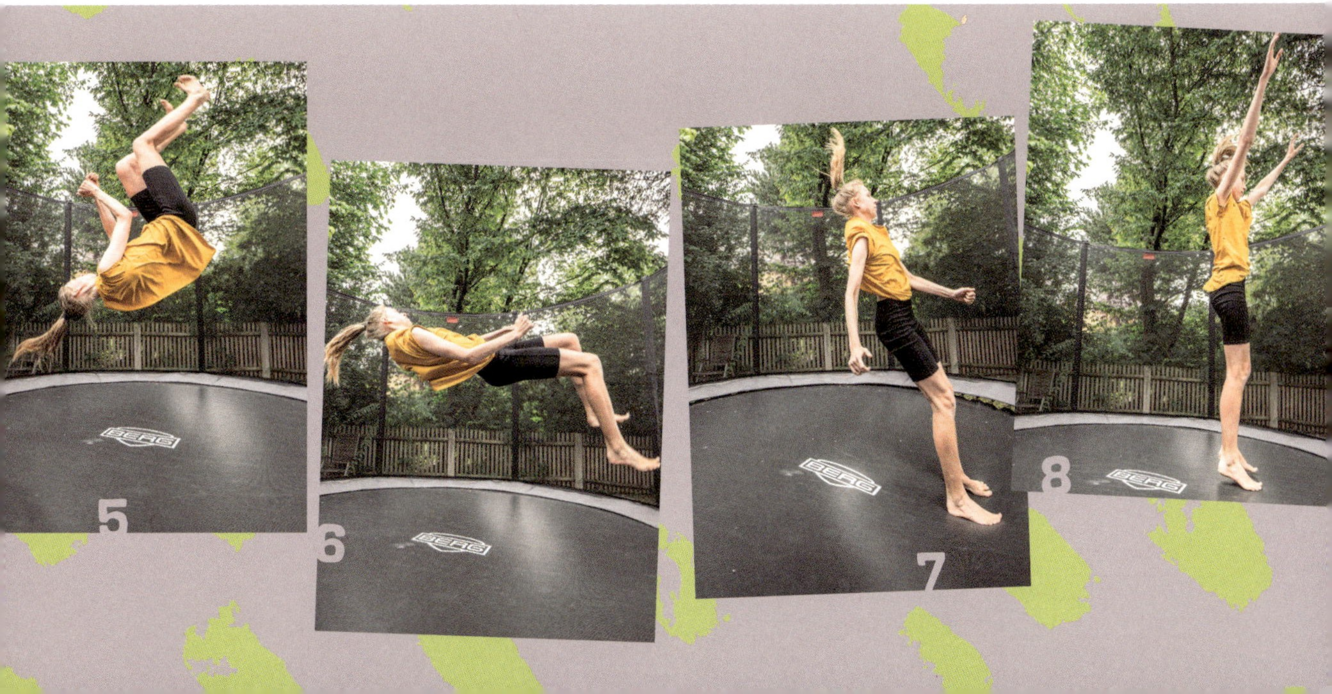

SALTO RÜCKWÄRTS

Bei diesem Sprung drehst du dich rückwärts in der Luft. Wenn du es das erste Mal ausprobierst, fühlst du dich orientierungslos und hoffst, wieder sicher auf beiden Füßen zu landen. Was sich ungewohnt anfühlt, ist die Überkopfbewegung, wenn du rückwärts über deinen Kopf springst.

Bis du dich an diesen Sprung heranwagst, solltest du den Hocksprung und den Rückensprung gut beherrschen.

1. Hüpfe auf der Stelle und streck die Arme nach hinten, um Schwung für den Sprung zu holen.

2. Beim Absprung zieh die Arme nach vorne und streck den Oberkörper aufrecht nach oben.

3. Flieg in einem hohen Bogen, so als wenn du über eine Stange springen willst.

4. Zieh die Beine nach vorne zu den Armen. Halte den Oberkörper weiter gestreckt.

5. Wenn du das Tuch siehst, bereite dich auf die Landung vor. Die Arme liegen fest an den Beinen.

6. Im Landeanflug beuge den Körper etwas, um leichter in den Stand zu gelangen.

7. Sobald deine Füße den Boden berühren, streck den Körper wieder durch.

8. Ein letzter Hüpfer auf der Stelle, und du hast es geschafft. Respekt!

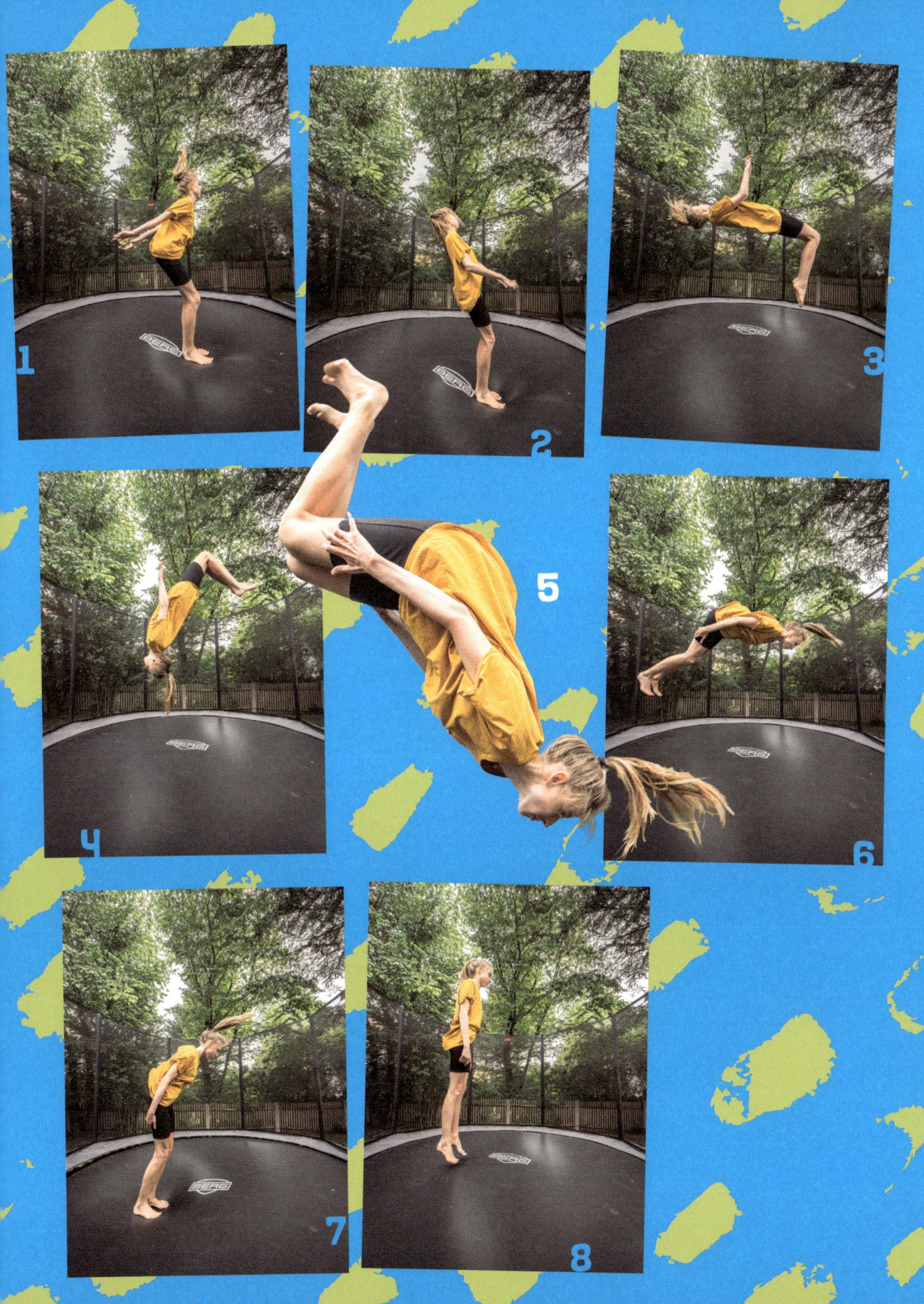

FLICKFLACK

Der Flickflack ist ein Handstandüberschlag rückwärts. Er gehört zu den schwierigsten Sprüngen, da man sich kopfüber nach hinten werfen und sowohl mit den Händen, als auch mit den Füßen sauber landen muss.

Olivia hat sich diese Sprungart für den Schluss aufgehoben. Solltest du ihn nicht sofort beherrschen, keine Sorge. Der Sommer ist noch lang …

1. Leicht auf der Stelle hüpfen und mit den Armen Schwung für den Absprung holen.

2. Stoße dich nach hinten ab und reiß dabei die Arme nach oben.

3. Flieg mit gebogener Körperhaltung und ausgestreckten Armen über eine „Stange in der Luft".

4. Lande mit den Händen auf dem Sprungtuch und zieh die Beine weiter nach oben.

5. Nach einem kurzen Handstand bringe die Beine zurück auf den Boden.

6. Während deine Füße zur Landung ansetzen, stoße dich mit den Händen kräftig ab.

7. Gelandet! Nun den Oberkörper in die aufrechte Position bringen.

8. Hüpf dich in den Stand und wirf die Arme elegant nach oben. Voilà!

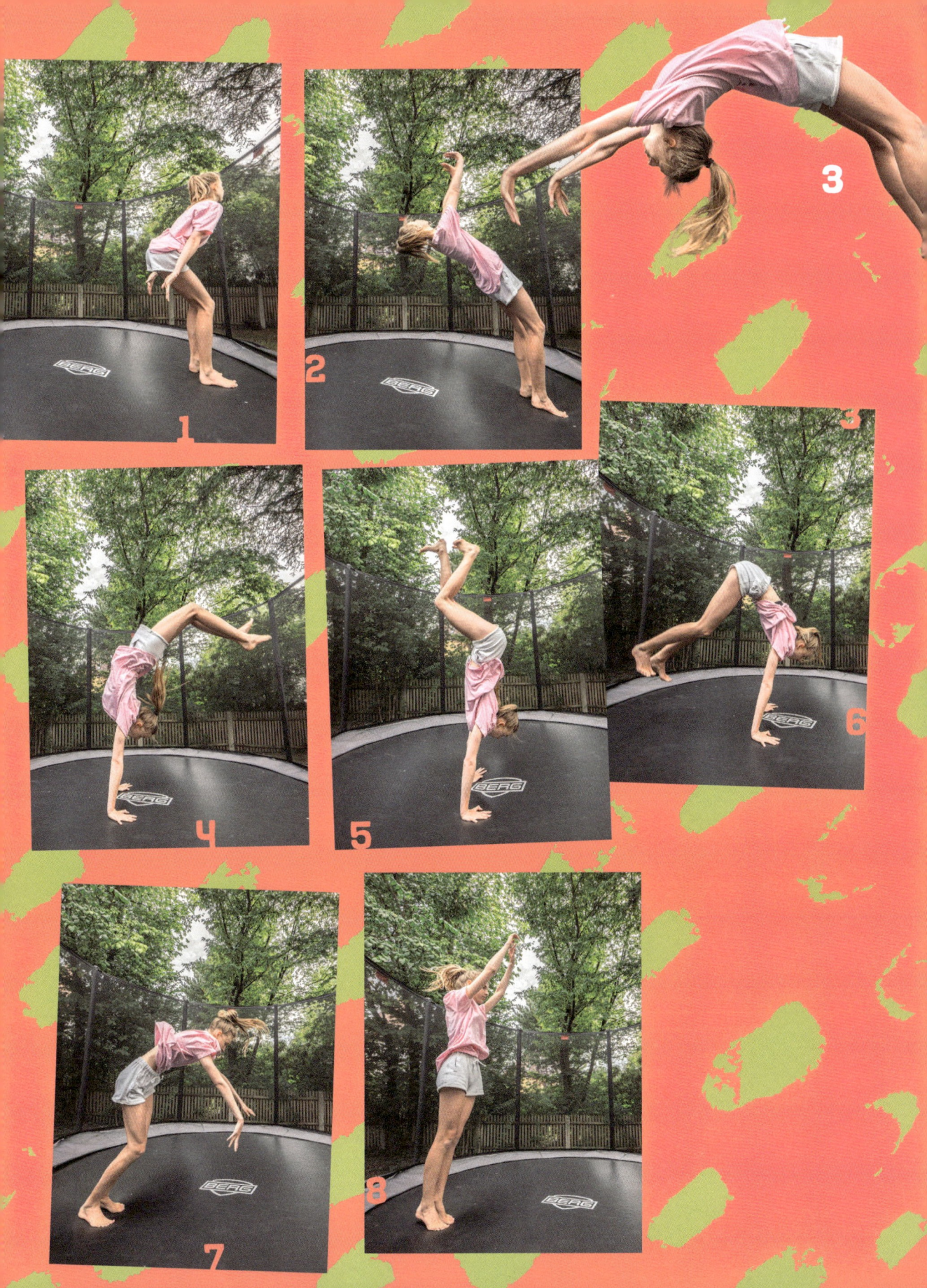

GESPREIZTER FLICKFLACK

Der gespreizte Flickflack geht auf den Turner Franco Menichelli zurück, der dieses Turn-element erstmals 1960 in Rom gezeigt hatte. Dabei wird der normale Flickflack anstatt mit aneinanderliegenden mit gespreizten Beinen gesprungen. Das ähnelt dem Radschlag, nur halt rückwärts. Ein wahnsinnig schwieriger Sprung, an den du dich erst einmal lang-sam herantasten solltest.

1. Hüpf ein paar Mal, wirf die Arme nach hinten und hol Schwung.

2. Reiß die Arme beim Absprung nach oben.

3. Während des „Bananenflugs über die Luftstange" zieh ein Bein vor – wie bei einem Radschlag.

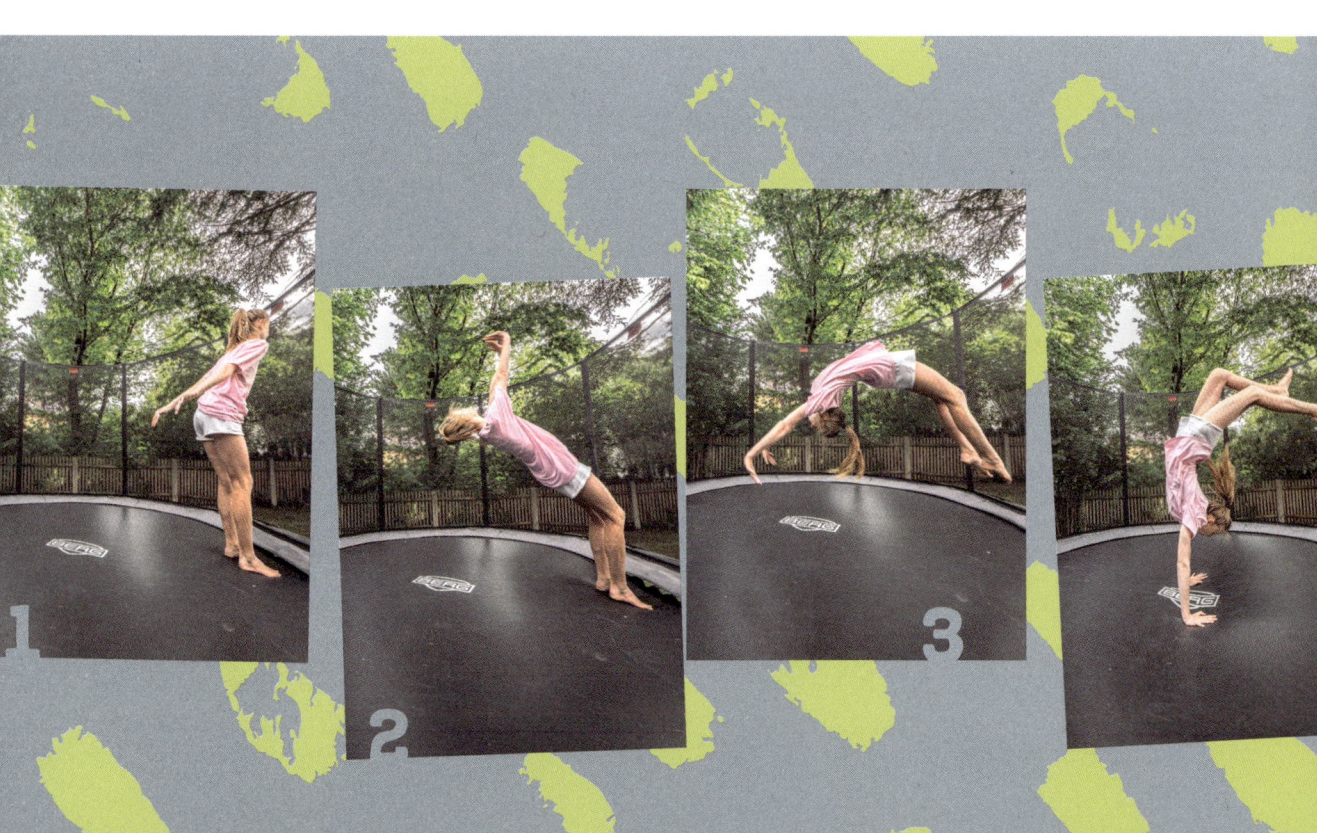

4. Lande im Handstand. Die Beine sind dabei angewinkelt, eins vor dem anderen.

5. Mit dem Schwung des vorderen Beins überschlägst du dich.

6. Während du mit einem Bein landest, stoß den Oberkörper mit den Händen kräftig vom Boden ab.

7. Balanciere deinen Körper mit dem restlichen Schwung, um in den sicheren Stand zu kommen.

8. Top! Franco wäre stolz auf dich gewesen!

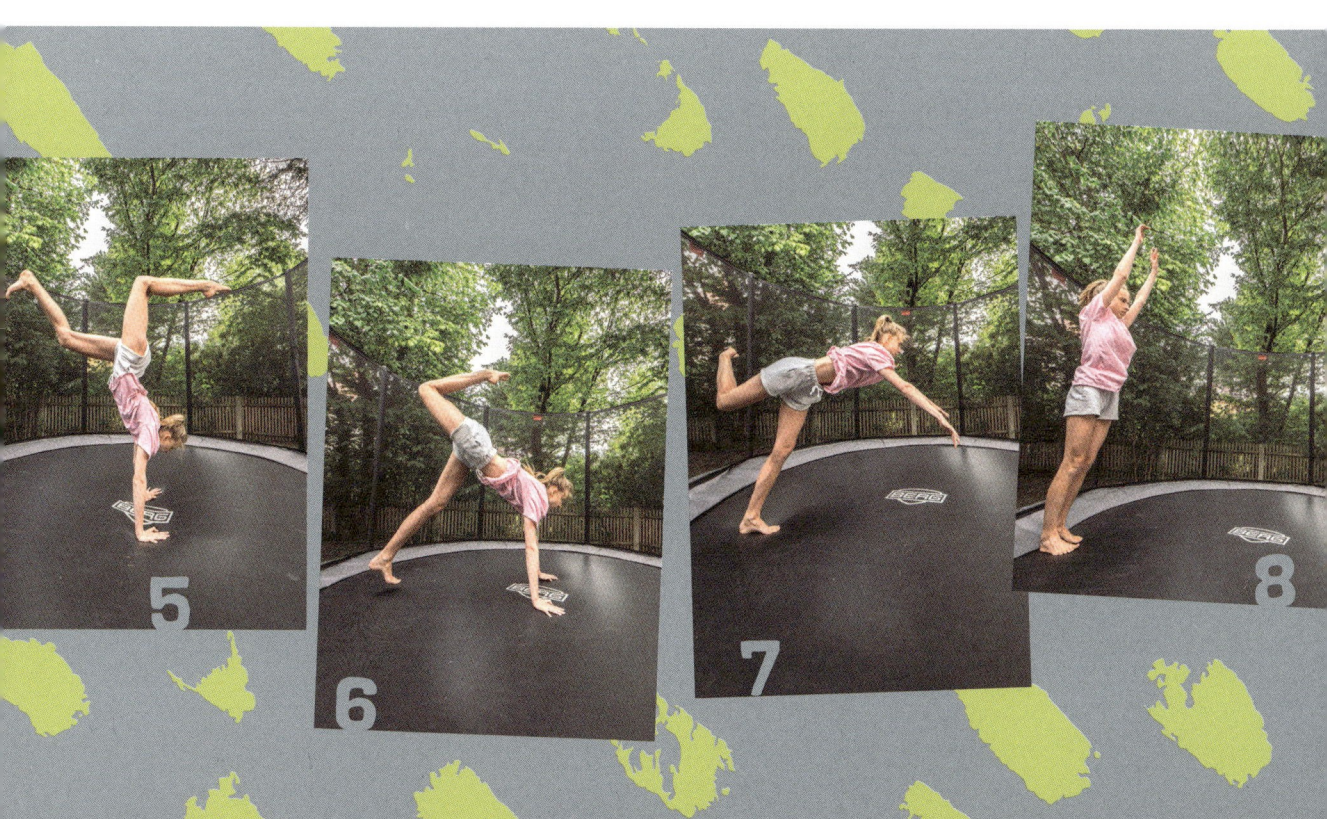

BLINDSPRUNG

Das Beste kommt zum Schluss. Dabei ist es gar kein neuer Big Jump, sondern du kannst dir einen aussuchen. Die Challenge ist ein Tuch, das du dir vor die Augen bindest. Im Blindsprung ist das Jump Feeling noch intensiver.

Olivia hat sich den Flickflack ausgesucht und mit verbundenen Augen geübt. Das heißt, zu Beginn hat sie das Tuch so um den Kopf gebunden, dass sie durch einen Schlitz schielen konnte. Das hat ihr Sicherheit gegeben. Aber nach drei, vier Sprüngen geht's dann mit dem Blindsprung los.

Es ist ein irres Gefühl, ohne Ablenkung durch die Lüfte zu hüpfen. Probier's mal aus!

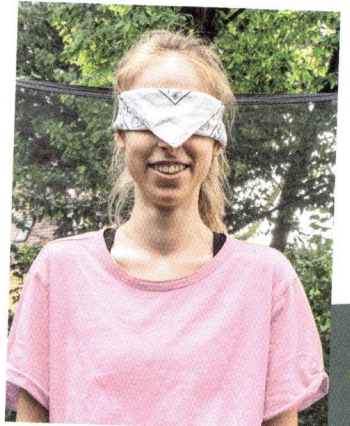

NOCH HAT SIE GUT LACHEN. DU BRAUCHST FÜR DIESEN JUMP NUR EIN HALSTUCH UND EIN BISSCHEN MUT. UND EIN ERWACHSENER AM RAND DES TRAMPOLINS KANN AUCH GUTTUN.

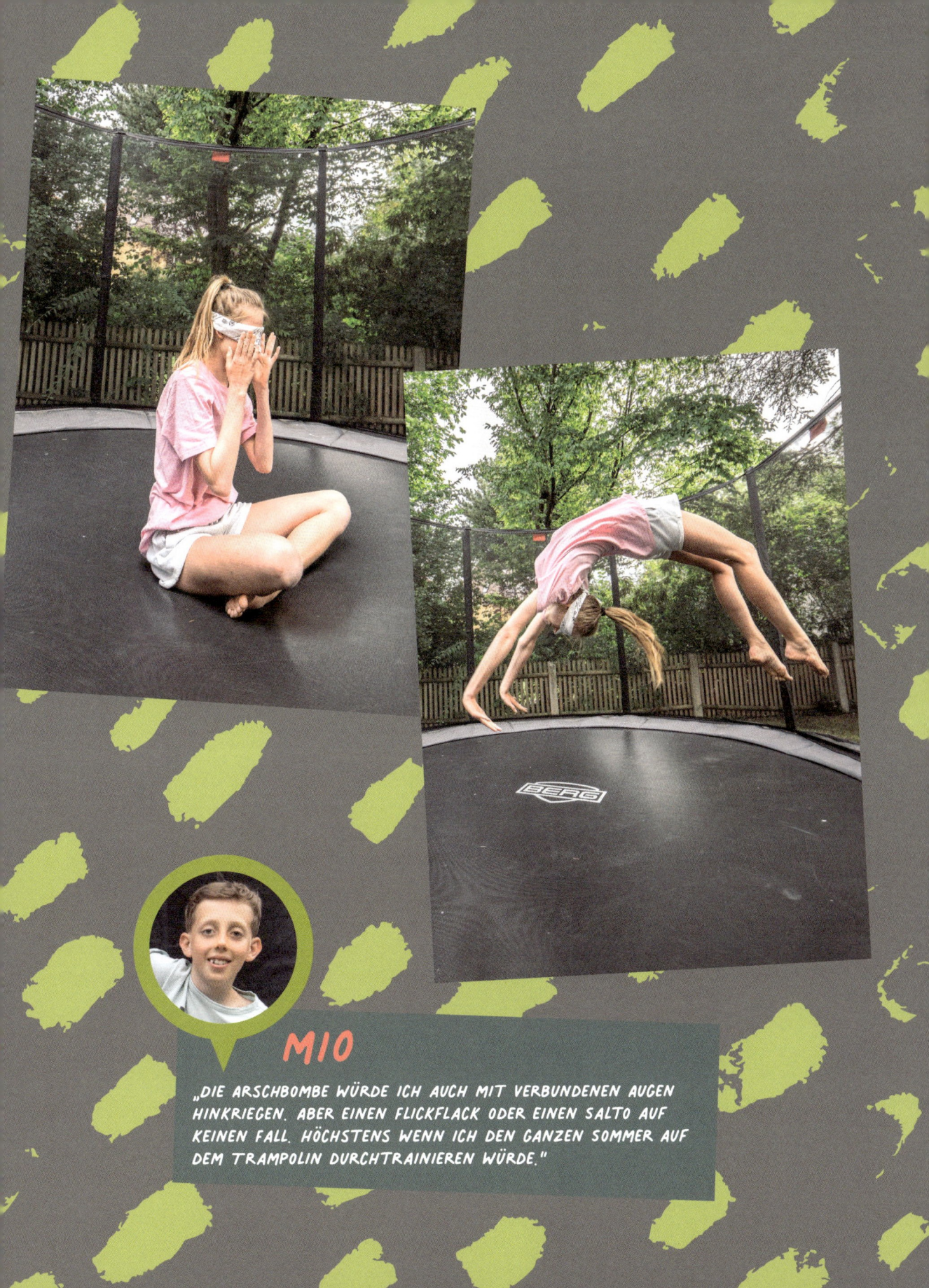

MIO

„DIE ARSCHBOMBE WÜRDE ICH AUCH MIT VERBUNDENEN AUGEN HINKRIEGEN. ABER EINEN FLICKFLACK ODER EINEN SALTO AUF KEINEN FALL. HÖCHSTENS WENN ICH DEN GANZEN SOMMER AUF DEM TRAMPOLIN DURCHTRAINIEREN WÜRDE."

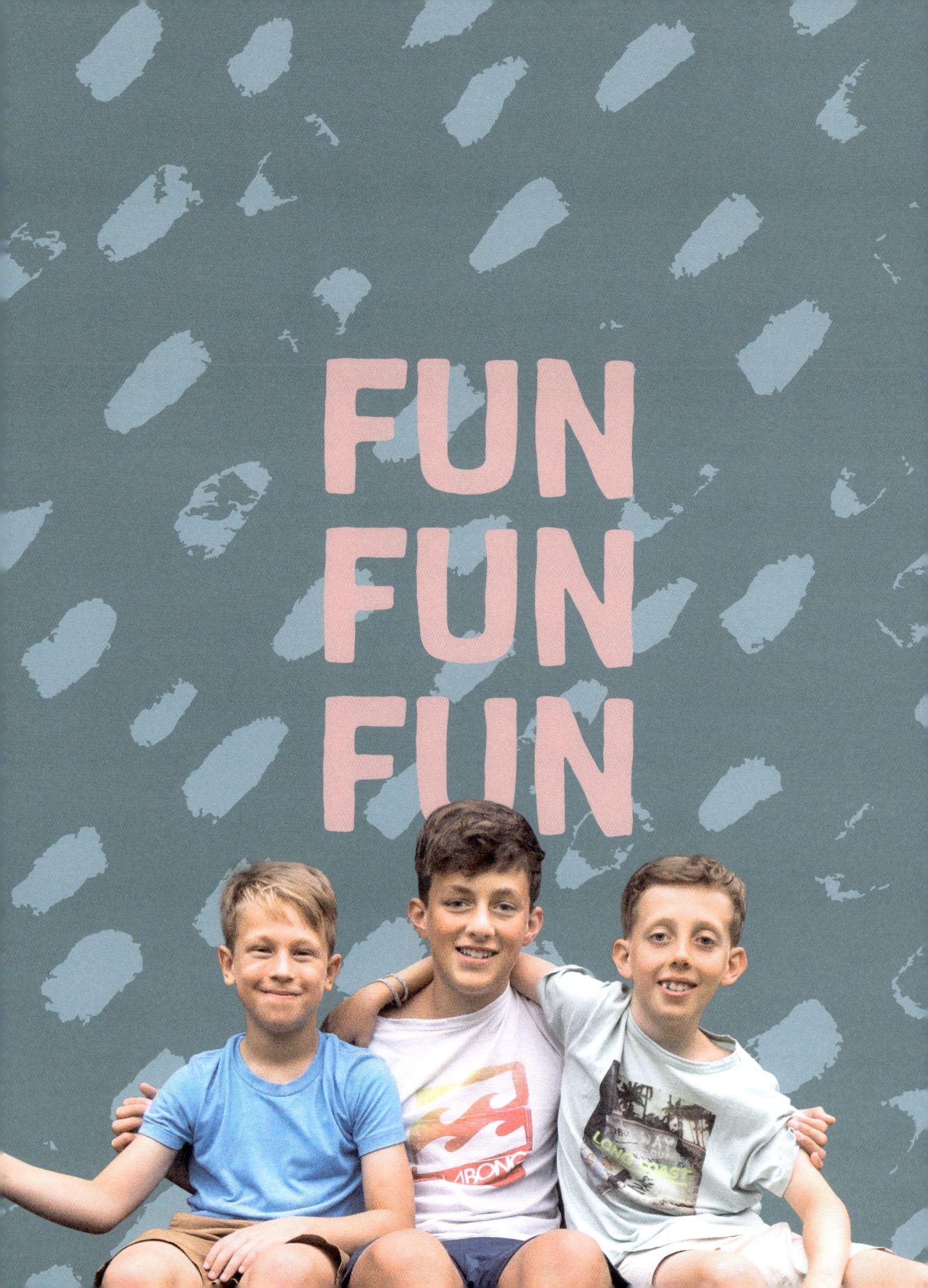

SPAßSPRÜNGE

- Popcorn
- Synchron-Schraube
- Synchron-Arschbombe
- Synchron-Kniesprung
- Seilspringen
- Nachmach-Challenge
- „Einer geht noch"-Challenge
- Katapult
- Volleyball
- Basketball
- Fußball

POPCORN

Wir starten dieses Kapitel mit einem Klassiker der Spaßsprünge. Wie im Kochtopf die Maiskörner aufpoppen, werden hier reihum die Freunde aus einer entspannten Tieflage in den Himmel geschossen. Bei den Kleinen funktioniert das besser als bei den Großen. Aber auch die freuen sich mal, in die Luft fliegen zu dürfen.

Die drei Freunde zeigen dir, wie der Popcorn-Jump geht: Den Anfang macht Julius, der sich aufs Sprungtuch legt, den Kopf leicht nach vorne gebeugt. Noah und Mio koordinieren ihren Absprung und versuchen, synchron zu hüpfen. Spätestens nach dem dritten Synchronsprung hält es Julius nicht mehr auf dem Boden, er wird nach oben katapultiert.

Viel Spaß bei den Popcorn-Jumps! Achte darauf, dass nicht mehr als drei Kinder gleichzeitig auf dem Trampolin sind und ihr Abstand zueinander haltet. Und immer schön abwechseln!

NOAH

„MIT EIN BISSCHEN ÜBUNG SCHAFFST DU ES, AUS DER LIEGEPOSITION IN DEN STAND ZU KOMMEN. ETWAS LEICHTER GEHT ES AUS DER HOCKPOSITION. DAZU MACH DICH KLEIN WIE EIN PAKET: BEINE ANWINKELN, AN DEN OBERKÖRPER ZIEHEN UND MIT DEN ARMEN UMSCHLIE-ßEN. WIRST DU NUN HOCHGEPOPPT, KANNST DU DICH SCHNELLER IN DER LUFT DREHEN."

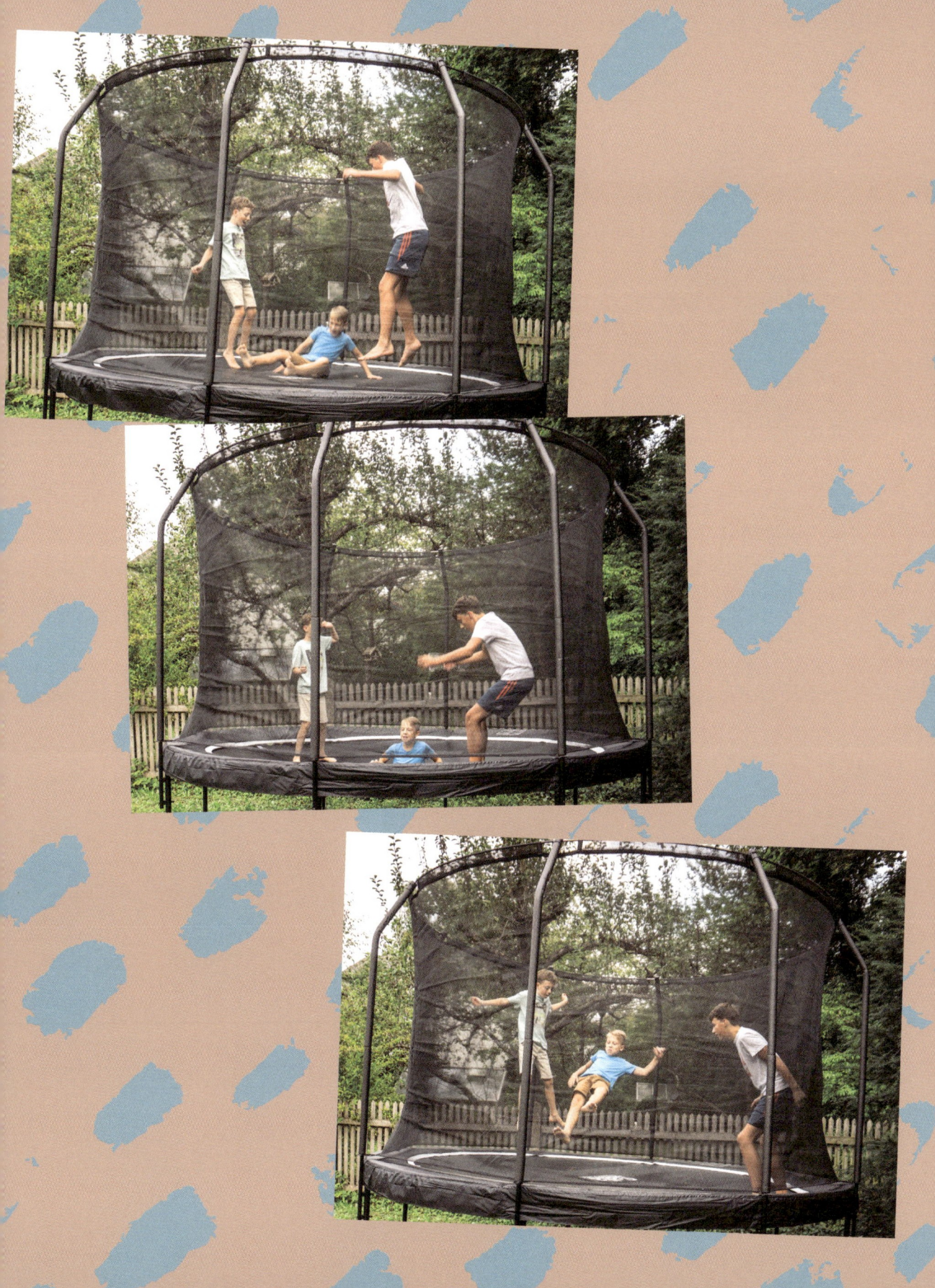

SYNCHRON-SCHRAUBE

Hast du schon mal Synchronspringer gesehen? Sie springen von einem Drei- oder Zehnmeterbrett, strecken und biegen in der Luft ihre Körper, machen Schrauben und Saltos und gleiten sanft ins Wasserbecken – alles synchron. Sieht leicht aus, ist es aber nicht. Auf dem Trampolin kann man auch wunderbar mit Freunden synchron springen. Starten wir mit einer „einfachen" Schraube.

Du wirst schnell sehen, dass bereits der gleichzeitige Absprung nicht so einfach ist. In der Luft solltet ihr euch möglichst in dieselbe Richtung drehen und dann nach einer 360-Grad-Drehung gemeinsam landen. Für die Fotostrecke auf diesen Seiten haben die drei Freunde genau neun Anläufe nehmen müssen und sich dabei köstlich amüsiert. Ging den dreien mehr um den Spaß als um die olympische Bewertung. Dennoch, das Ergebnis lässt sich sehen.

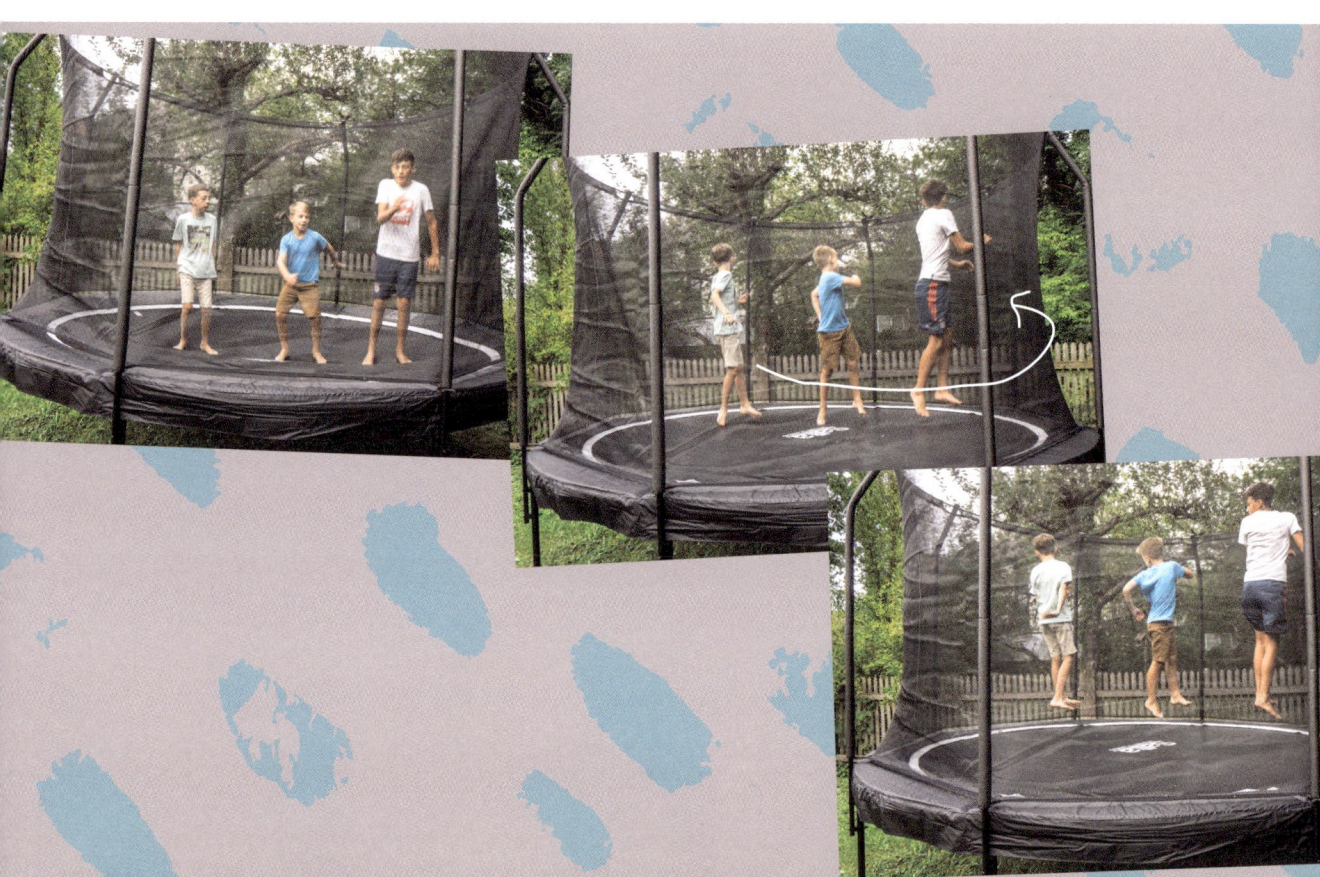

JULIUS

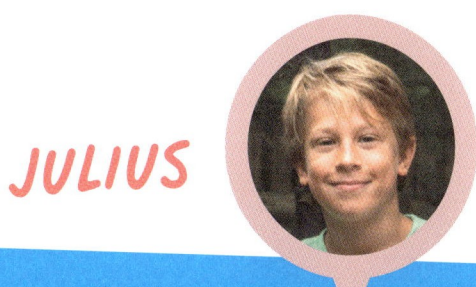

JULIUS' TIPPS:
- EINEN FREUND ZUM „TAKTGEBER" BESTIMMEN
- RICHTIGE AUFSTELLUNG: BEI LINKSDREHUNG STEHT
  DER TAKTGEBER GANZ LINKS UND UMGEKEHRT
- AUF DIE KOMMANDOS DES TAKTGEBERS ACHTEN
- DIE SCHRAUBE VORHER ALLEINE GUT ÜBEN

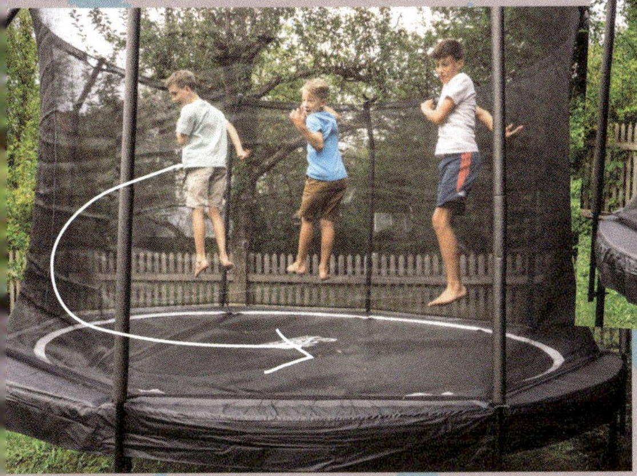

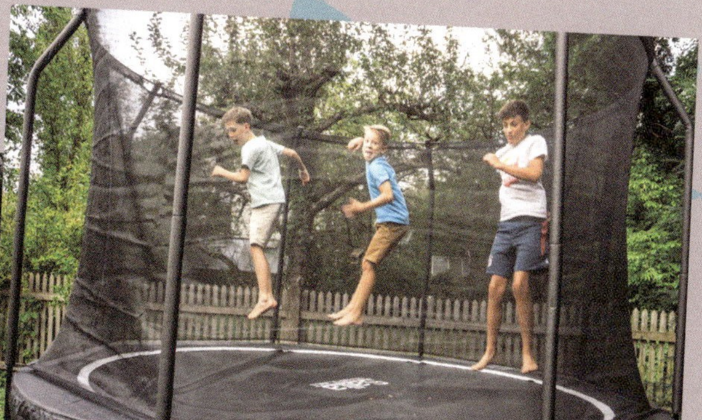

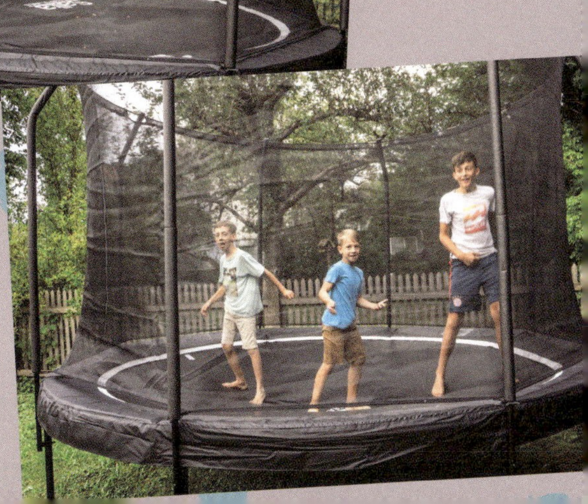

SYNCHRON-ARSCHBOMBE

Hochspringen, Beine einziehen und volle Pulle mit dem Popo in das Wasserbecken springen. Herrlich – so macht der Sommer Spaß! Die Arschbombe ist jedoch nicht nur im Freibad ein Vergnügen, auch auf dem Trampolin lässt sie sich wunderbar zünden. Nur spritzt es dort leider nicht so stark wie im Wasser.

Es braucht eine Weile, bis du mit deinen Geschwistern oder Freunden den richtigen Dreh raushast und eure Synchron-Arschbombe auf dem Tuch explodiert. Wenn euch das gelingt, versucht mal, nach dem Popoklatscher in den Stand zu springen – synchron natürlich. Das werdet ihr im Freibad übrigens nicht schaffen.

Noah, Mio und Julius zeigen dir, wie die perfekte Synchron-Arschbombe aussieht:

1. Hüpft euch mit ein paar einfachen Sprüngen auf der Stelle ein, bis ihr synchron seid. Den richtigen Augenblick erwischen und – auf drei – kräftig ins Tuch springen und gemeinsam in die Luft fliegen. Für die Landung beugt euch leicht nach hinten und winkelt die Knie an.

2. Sauber auf dem Tuch gelandet! Nehmt den Schwung mit und lasst euch wieder nach oben katapultieren. Mit den Händen könnt ihr euch zusätzlich abstoßen.

3. Jetzt geht's um die B-Note. Entweder hüpft ihr wie die Freunde wild auf dem Trampolin umher oder ihr landet elegant auf beiden Füßen in den Stand.

PIMP UP YOUR ARSCHBOMBE:
IM SOMMER WIRD'S SCHNELL HEISS AUF DEM TRAMPOLIN. FÜR DIE RICHTIGE ABKÜHLUNG SORGT DER GARTENSCHLAUCH. SPRITZ DAS SPRUNGTUCH DAMIT ORDENTLICH NASS UND MACH EIN PAAR ARSCH-BOMBEN IN FOLGE. NACH EINER WEILE IST DAS SPRUNGTUCH WIEDER TROCKEN UND DEINE KLAMOTTEN SIND NASS. WENN SICH DEINE FREUNDE AUCH ERFRISCHEN WOLLEN, BRAUCHEN SIE SICH NUR WÄH-REND DEINER SPRÜNGE FLACH UNTER DAS TUCH ZU LEGEN.

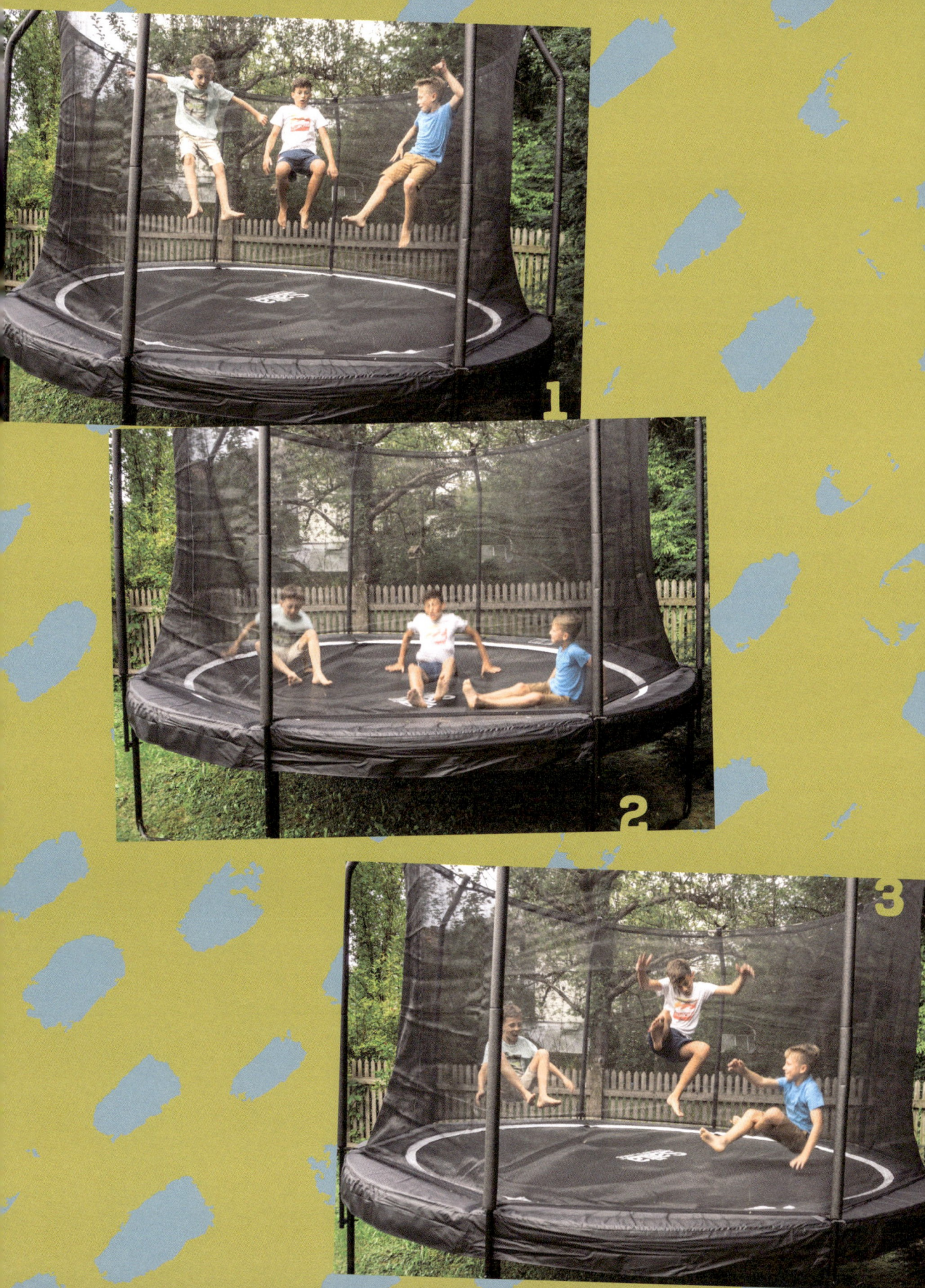

SYNCHRON-KNIESPRUNG

Aller guten Dinge sind drei. Nach Schraube und Arschbombe sind jetzt die Knie dran. Vom Gottesdienst in der Kirche kennst du das, wenn die Gemeinde sich gleichzeitig – synchron – hinkniet. Mit Schwung springt jedoch keiner auf die Holzplanken. Auf dem Trampolin ist das kein Thema. Die drei Freunde machen es dir vor. Zeit zu beten haben sie bei dem Synchron-Kniesprung allerdings nicht.

Eigentlich geht der Jump ziemlich einfach, man muss nur wieder auf das gleichzeitige Abspringen, Hochspringen und Landen achten. Wie auch bei den anderen Sprüngen macht es Sinn, einen zum „Taktgeber" zu ernennen, der die Kommandos gibt. Bei den Dreien sollte Noah das übernehmen, immerhin war er früher Messdiener und kennst sich mit dem Kniefall bestens aus.

Jetzt du!

1. Sprich dich mit deinen Freunden ab, wer das Kommando zum Absprung gibt. Dann Schwung holen und hochspringen.

2. Oben angekommen, die Beine anwinkeln und auf die Landung vorbereiten.

3. Möglichst mit geradem Oberkörper in den Kniefall gehen. Dabei den Körper anspannen, denn gleich geht's wieder hoch.

4. Wenn du bei der Aufwärtsbewegung deine Arme nach oben reißt, bekommst du mehr Schwung. Nun kannst du den Synchron-Kniesprung mit deinen Freunden wiederholen, bis er synchron ist, oder du springst in den Stand zurück.

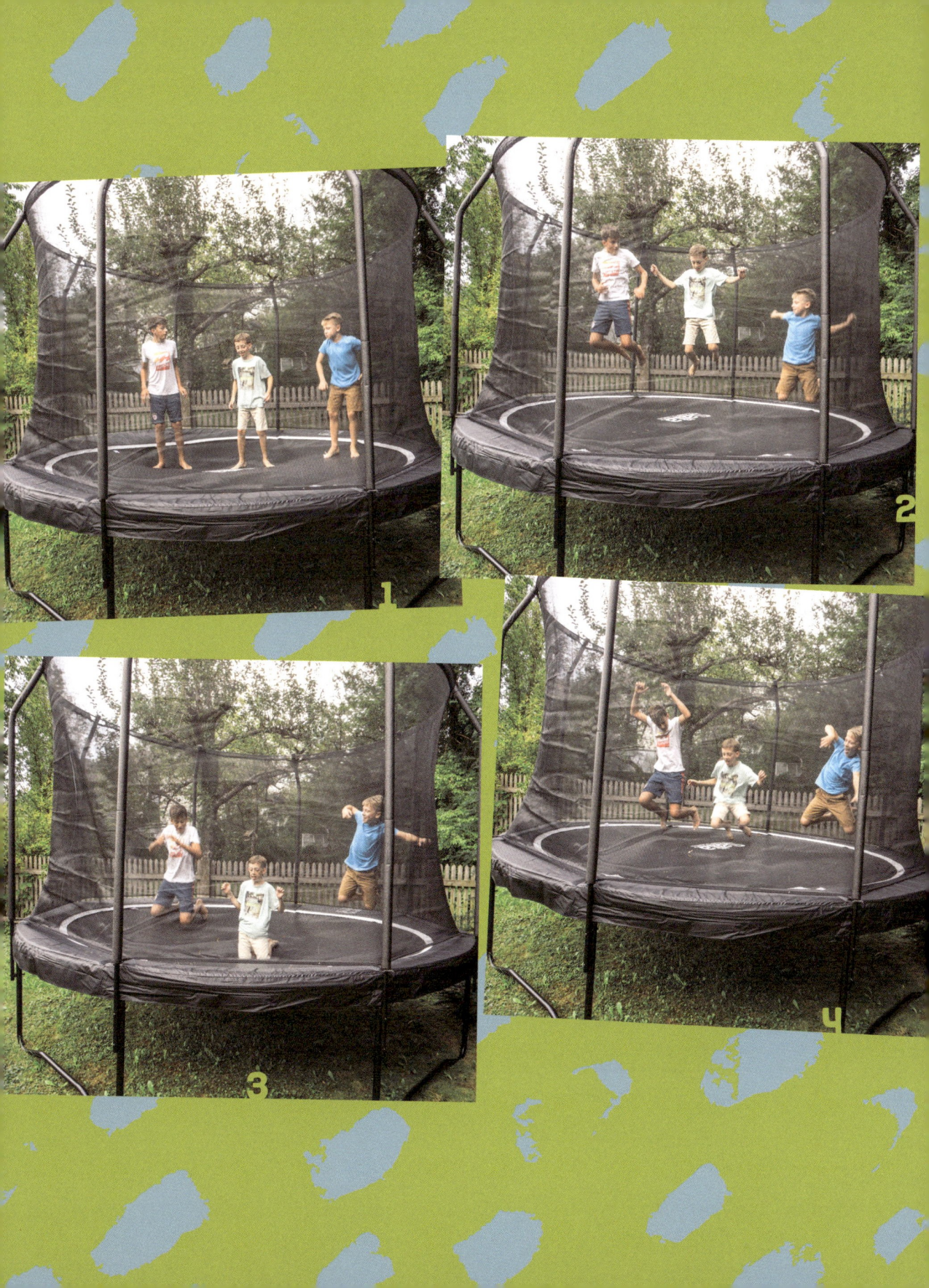

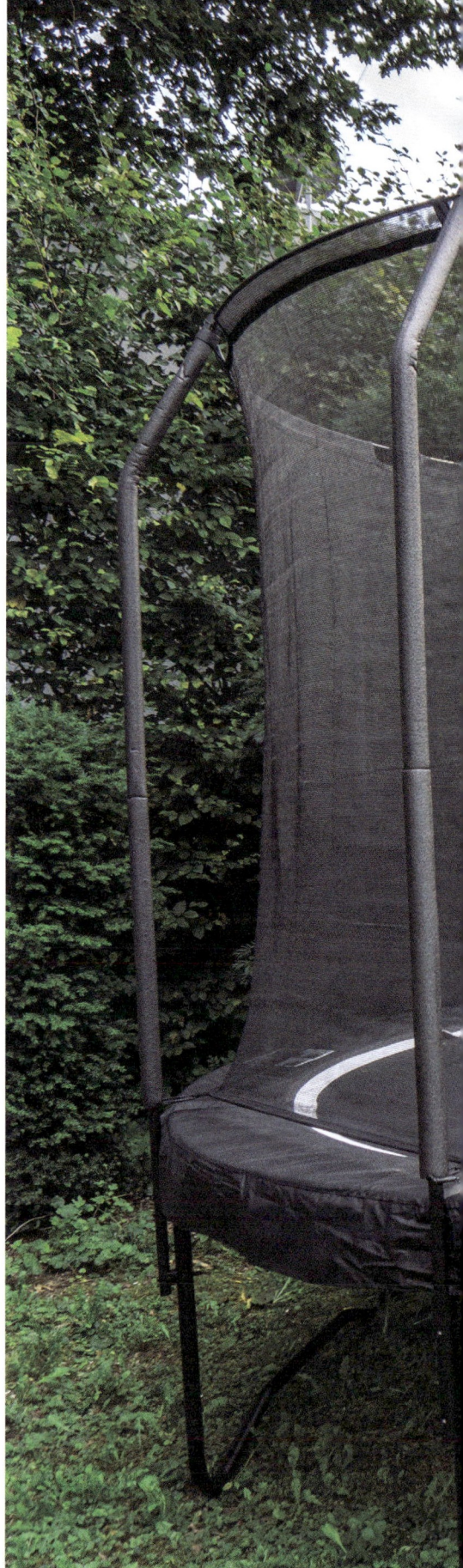

SEILSPRINGEN

Seilspringen ist auf dem Schulhof eine schöne Pausenbeschäftigung für Kinder. Dabei trennen sich die Fein- von den Grobmotorikern. Die einen schaffen es, im peitschenden Wirbel des sich schwingenden Seiles die Füße im richtigen Moment hochzuziehen, und die anderen lassen es von vornherein bleiben und schauen lieber neidisch zu.

Das Trampolin gibt dem Seilspringen noch einmal einen Kick, denn man springt höher und landet weicher als auf dem Schulhof. Außerdem kann man in der Luft versuchen, Sprünge zu machen. Vielleicht den Knie- oder den Sitzsprung? Schraube? Salto? Schnapp dir zwei Freunde und probier's aus.

FÜR JUNGS?!

WER BISHER DACHTE, SEILSPRINGEN SEI WAS FÜR MÄDCHEN, KENNT DIESES SPIEL NICHT. NOAH, MIO UND JULIUS WOLLTEN SICH ERST AUCH NICHT MIT EINEM „SEILCHEN" FOTOGRAFIEREN LASSEN. ES DAUERTE NICHT LANGE, DA WOLLTEN SIE DAS „SEILCHEN" GAR NICHT MEHR HERGEBEN ...

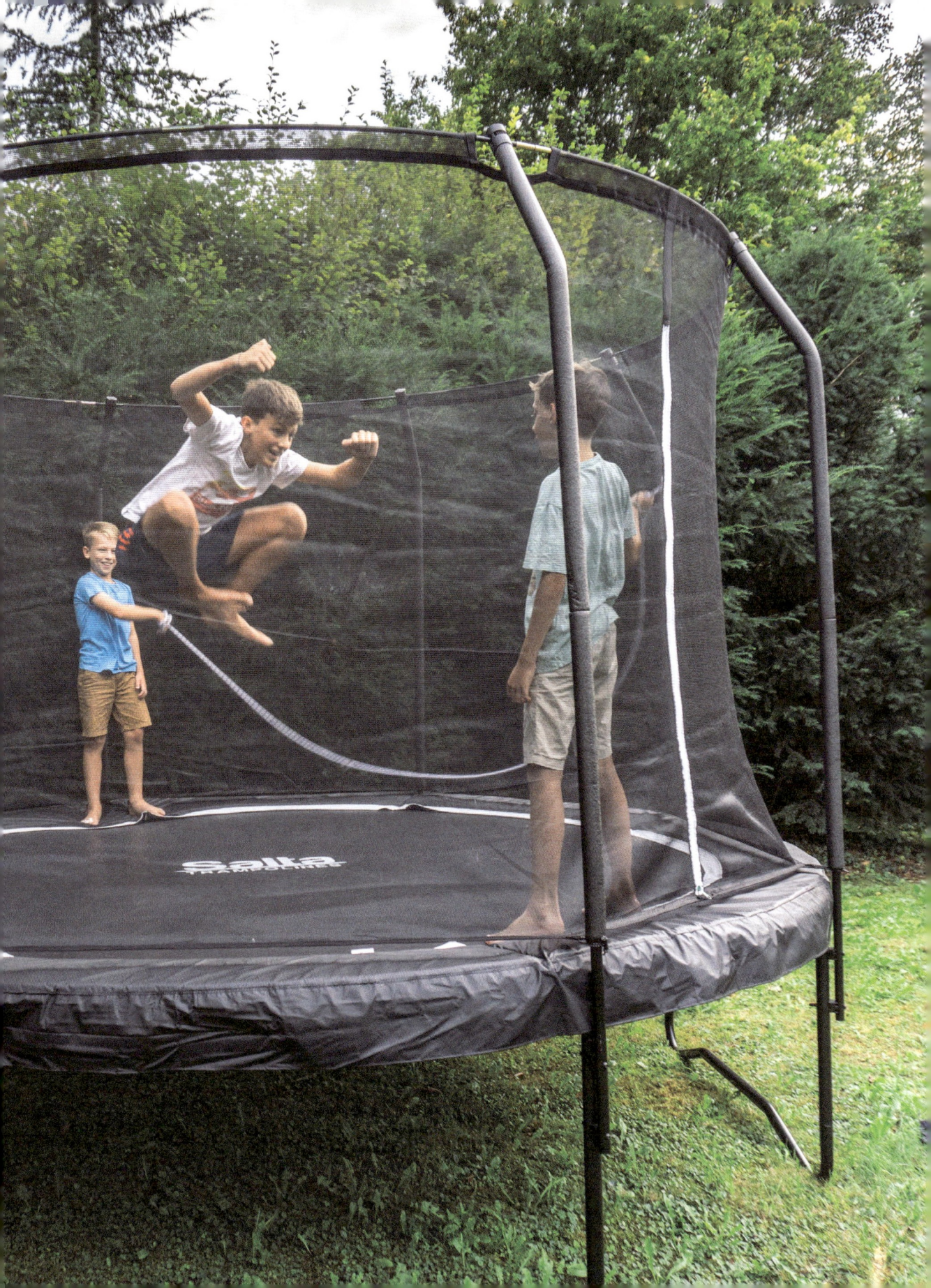

NACHMACH-CHALLENGE

Dieses Spiel funktioniert nach dem Prinzip: Einer macht vor, die anderen nach. Da jeder an die Reihe kommt, ist keiner benachteiligt. Und jeder darf dann seinen persönlichen Lieblings-Jump vorgeben. Bist du zum Beispiel der beste Salto-Rückwärts-Springer, sollen dir das die anderen erst mal nachmachen. Die wiederum können dann eine entartete Arschbombe mit einer halben Querschraube vorgeben – auch nicht leicht nachzumachen. Nach jeder Runde vergibt der Vormacher einen Punkt an den besten Nachmacher. Wer am Ende die meisten Punkte hat, gewinnt die Challenge.

Die Jungs zeigen dir das Prinzip der Nachmach-Challenge am Handstandüberschlag.

1. Noah startet mit seinem Lieblingssprung. Den hat er in den letzten Wochen heimlich geübt und beherrscht ihn äußerst präzise. Schau dir mal die aneinandergepressten Beine und ausgestreckten Füße an. Top!

2. Mio versucht, den Handstandüberschlag mit Schwung nachzumachen, verhaspelt sich aber mit der Beinarbeit. Das Ganze sieht eher wie ein Radschlag aus.

3. Julius will einen draufsetzen und sich im Handstand mit den Armen noch abstoßen. Dabei winkelt er die Beine an. Ob er wohl so elegant wie Noah landet?

EMMA

„SPÄTESTENS BEI MEINEM SALTO RÜCK-WÄRTS MIT SCHRAUBE STEIGEN DIE ANDEREN AUS, UND ICH GEWINNE DIESE CHALLENGE."

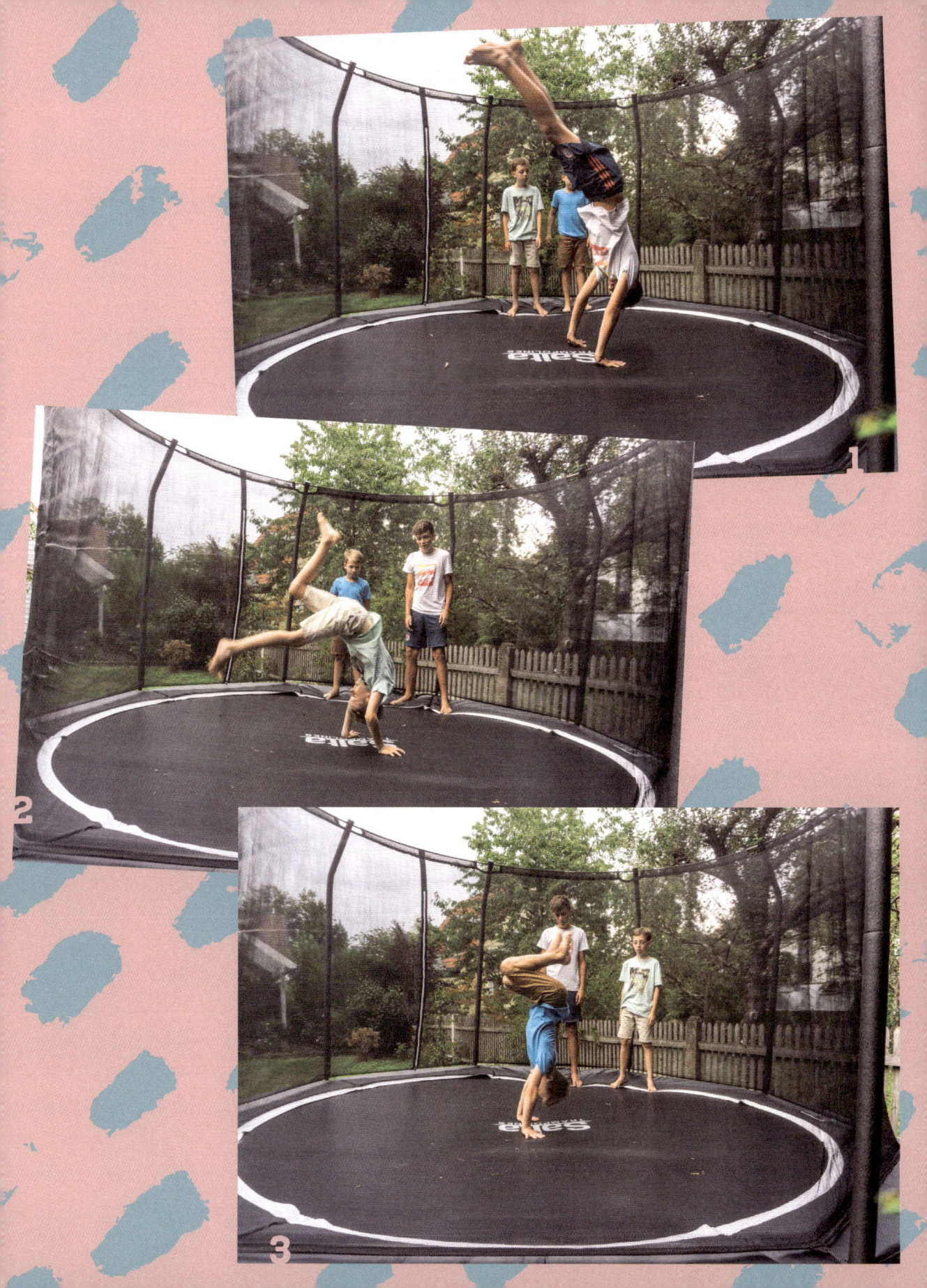

„EINER GEHT NOCH"- CHALLENGE

1. Mio startet mit einem Kniesprung.

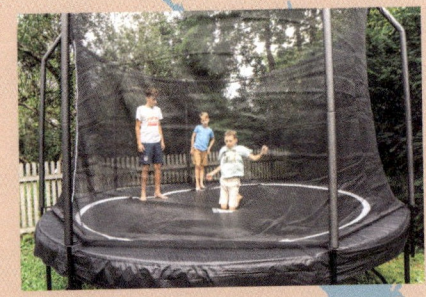

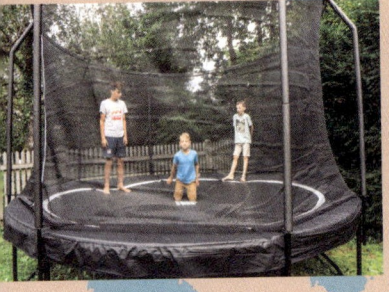 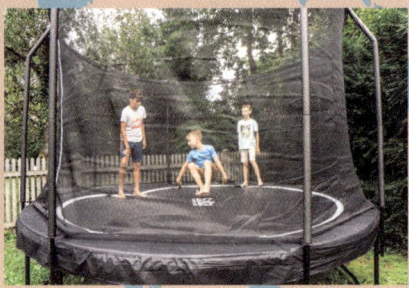

2. Julius springt auf die Knie und hängt einen Sitzsprung dahinter.

3. Jetzt Noah: Knie, Sitz und …. Schneidersitz!

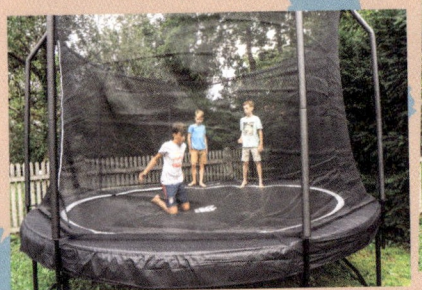 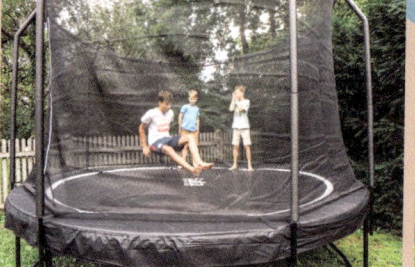 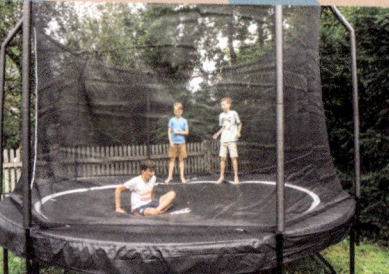

Kennst du das Spiel „Ich packe meinen Koffer und nehme mit ..."? Auf dem Trampolin macht es noch mehr Spaß, da man neben seinem Gedächtnis und seiner Kreativität auch seine Sportlichkeit unter Beweis stellen kann.

Die Challenge wird umso lustiger, je mehr Kinder mitmachen. Eins fängt mit einem Sprung an, das nächste wiederholt diesen und hängt einen neuen Sprung daran und so weiter. Wer sich verheddert, bekommt einen Strafpunkt. Die Challenge gewinnt das Kind mit den wenigsten Strafpunkten.

4. Mio packt noch einen Hock-Grätsch-Sprung (Eigenkreation?) zu der Jump-Reihe dazu.

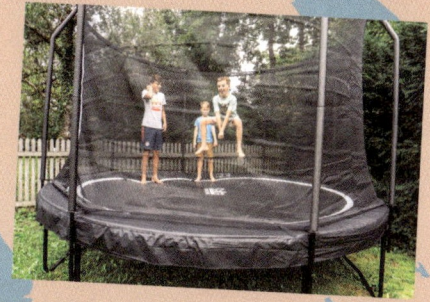

5. Julius erhöht den Schwierigkeitsgrad der Challenge: Knie – Sitz – Schneidersitz – Hockgrätsche – Gottesanbeter (oder so was ähnliches)

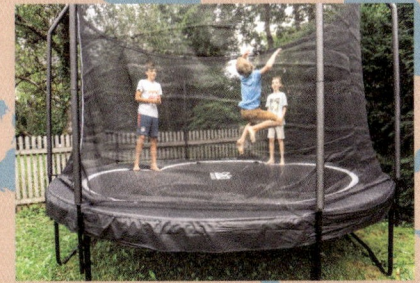

6. Noah nimmt den Druck aus dem Spiel mit einer einfachen Schraube

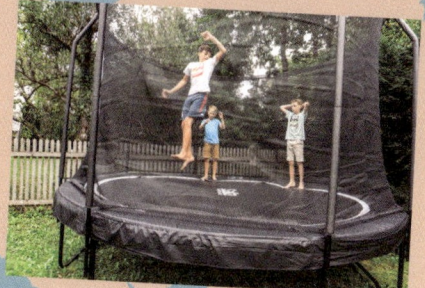

7. Jetzt wird's wild: Mio mit einem perfekt ausgeführten Hocksprung - der stellt aber kein Problem für seine Freunde dar.

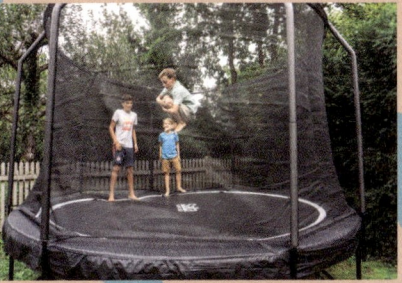

KATAPULT

Unter einem Katapult versteht man eine Wurfmaschine, die in der Antike zum Abschießen von Steinen verwendet wurde.

Dieser Sprung hat eine ähnliche Kraft wie diese Maschine. Als Munition nimmst du einen Freund anstelle eines Steins und deine Sprungkraft anstelle der Wurfmaschine. Wie du ihn in die Luft schleuderst? Das zeigen dir Olivia, Emilia (Katapult) und ihr Bruder Julius (Stein).

1. Wenn du mit einem anderen Kind das Geschoss spielst, versucht synchron zu springen. Der Stein sollte möglichst ruhig auf dem Tuch hüpfen. Dann gebt euch ein Zeichen und macht einen hohen Sprung.

2. Sobald ihr landet, schießt der Stein nach oben, allerdings um ein Vielfaches seiner normalen Sprunghöhe.

FORMEL ZUM BERECHNEN DER SPRUNGHÖHE
DIE KATAPULTKRAFT HÄNGT VON DEN GEWICHTEN DES KATAPULTS UND DES STEINS AB. WIEGT DEIN FREUND (KATAPULT) GENAUSO VIEL WIE DU (STEIN), UND IHR KOMMT BEIDE ZUR SELBEN ZEIT AUF DEM TUCH AUF, VERDOPPELT SICH DEINE SPRUNGHÖHE, WÄHREND DEIN FREUND SEINE HÖHE VERLIERT UND AUF DEM TUCH ZUM STEHEN KOMMT. WENN DEIN VATER, DER DREIMAL SO SCHWER IST WIE DU, MIT DIR SPRINGT UND IHR GLEICHZEITIG AUF DEM TUCH LANDET, ÜBERTRÄGT ER DAS DREIFACHE SEINES GEWICHTS AUF DICH, DAS HEIßT, DU FLIEGST VIERMAL SO HOCH WIE NORMAL.

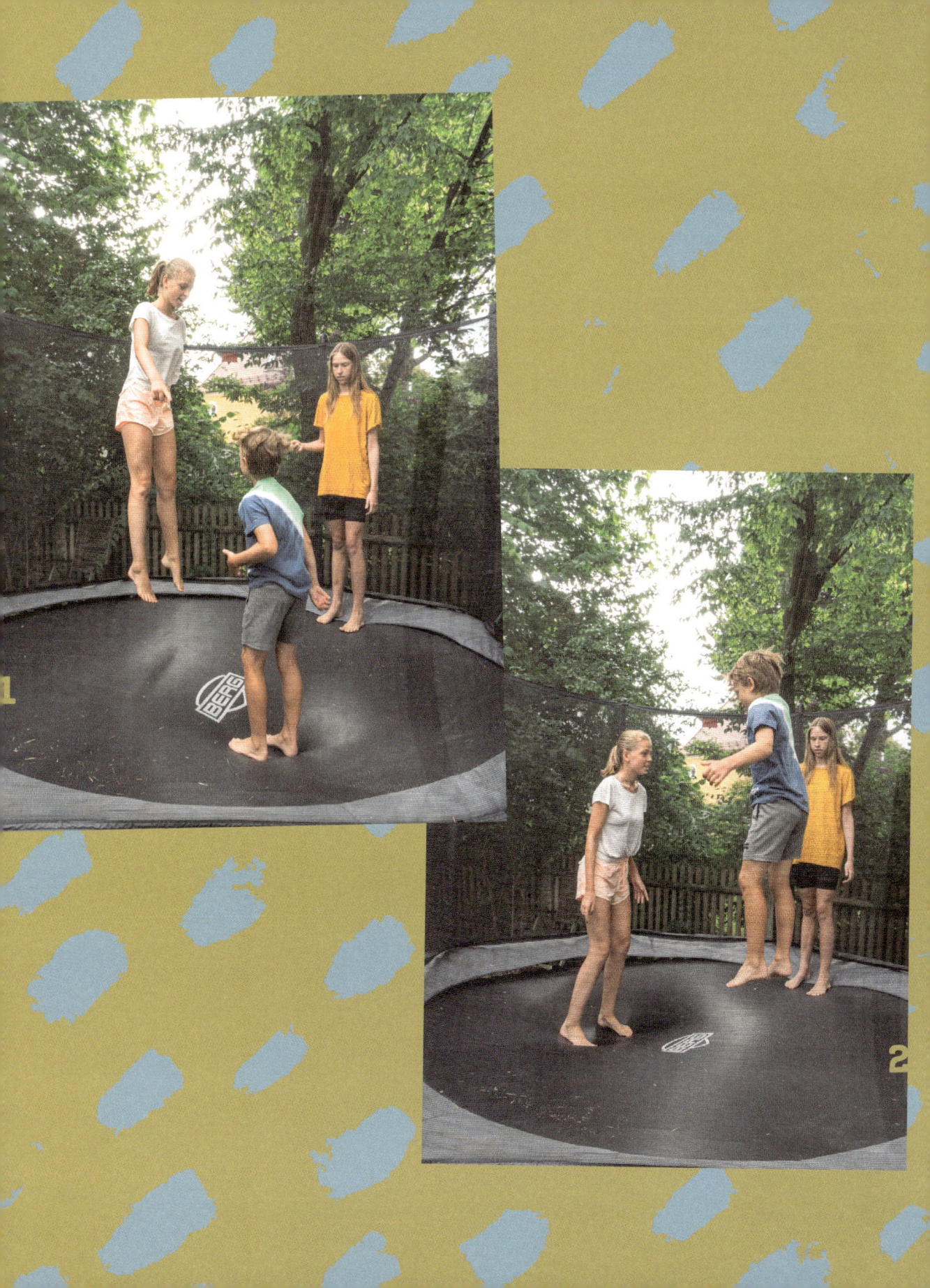

VOLLEYBALL

Aufschlag, Baggern, Pritschen, Schmettern – Volleyball macht Spaß und ist nicht nur in der Halle und auf Sand, sondern auch auf dem Trampolin beliebt. Dabei braucht es nicht viel: einen Ball und ein paar Freunde oder Geschwister. Olivia, Emilia und Julius zeigen dir, wie man den Ball in Bewegung hält. Sie versuchen, ihn so lange wie möglich in der Luft zu behalten und zählen die Schläge. Ihr Rekord liegt bei 26. Wie viele schafft ihr?

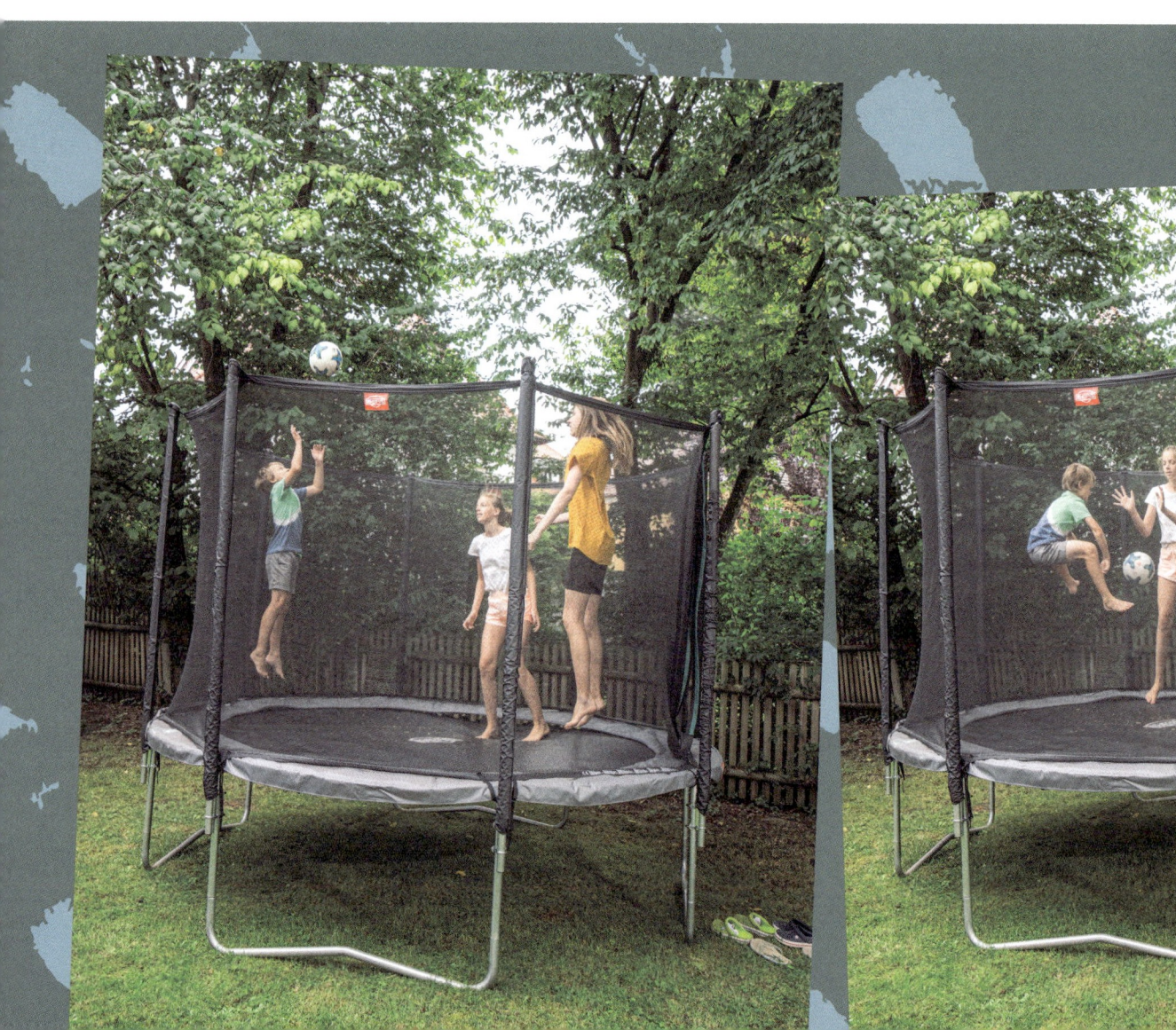

EMILIA

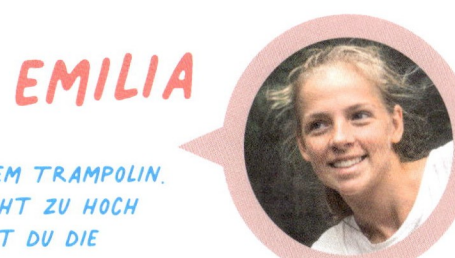

„ICH LIEBE VOLLEYBALL AUF DEM TRAMPOLIN.
DIE KUNST LIEGT DARIN, NICHT ZU HOCH
ZU HÜPFEN, SONST VERLIERST DU DIE
KONTROLLE ÜBER DEN BALL."

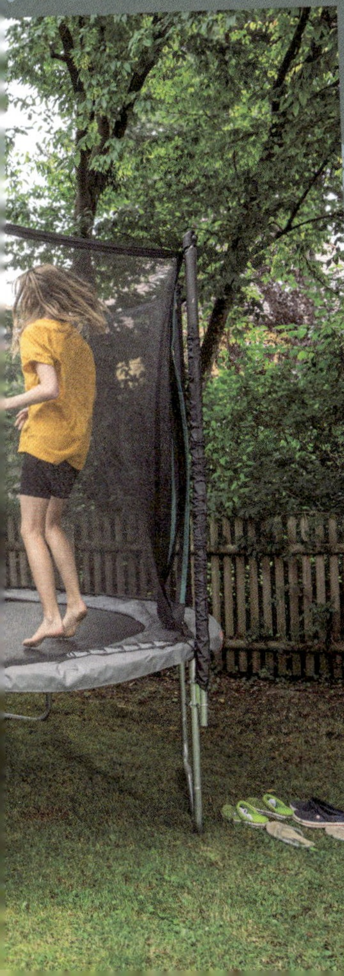

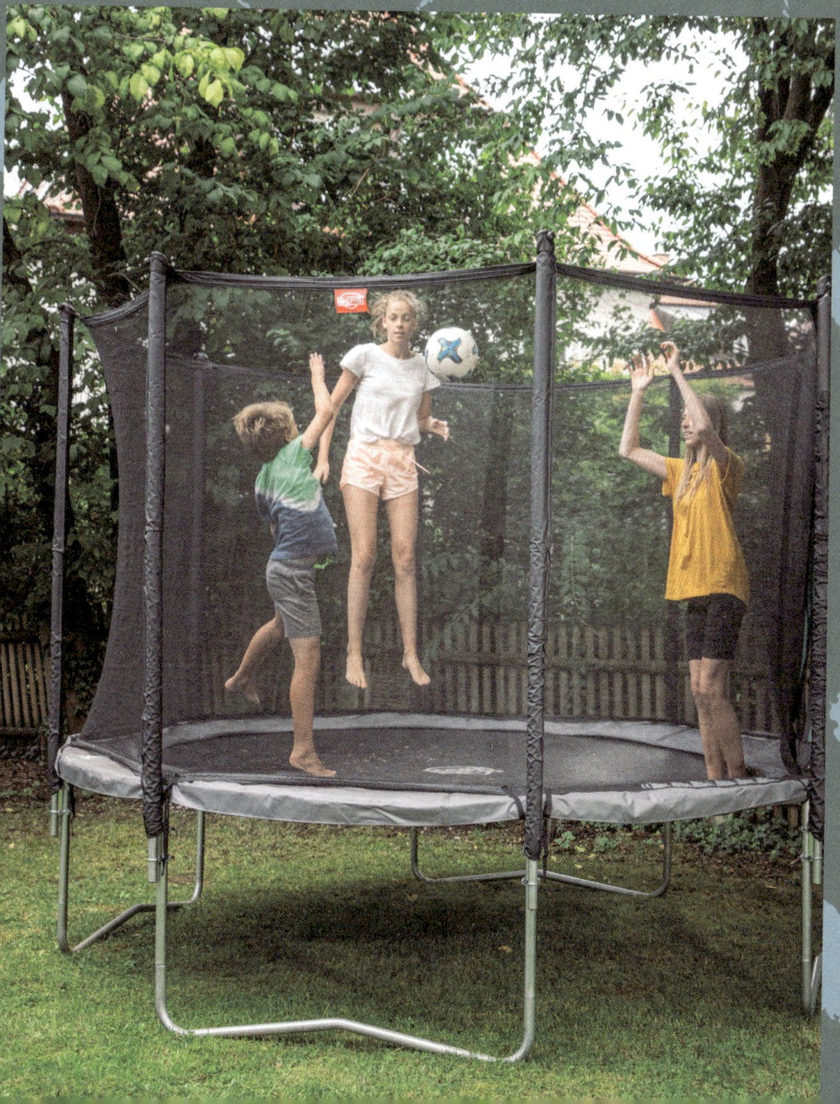

BASKETBALL

Die drei Geschwister haben sich den Basket-
ballkorb neben das Trampolin gestellt und
werfen der Reihe nach hinein. Um den Schwierigkeitsgrad zu erhöhen, zählt ein Treffer nur,
wenn er aus dem Sprung in den Korb geworfen
wird. Anders als beim echten Basketball gibt es
hier nicht ein, zwei oder drei Punkte für Treffer,
sondern immer nur einen Punkt. Wer nach x
Durchläufen am meisten Punkte hat, gewinnt
das Spiel.

Bei diesen Jumps bist du auf fleißige Helfer im
Freundeskreis oder fürsorgliche Eltern („Die
Kinder müssen an die frische Luft!") angewie-
sen, denn einer muss euch ja den Ball wieder
ins Trampolin zurückwerfen.

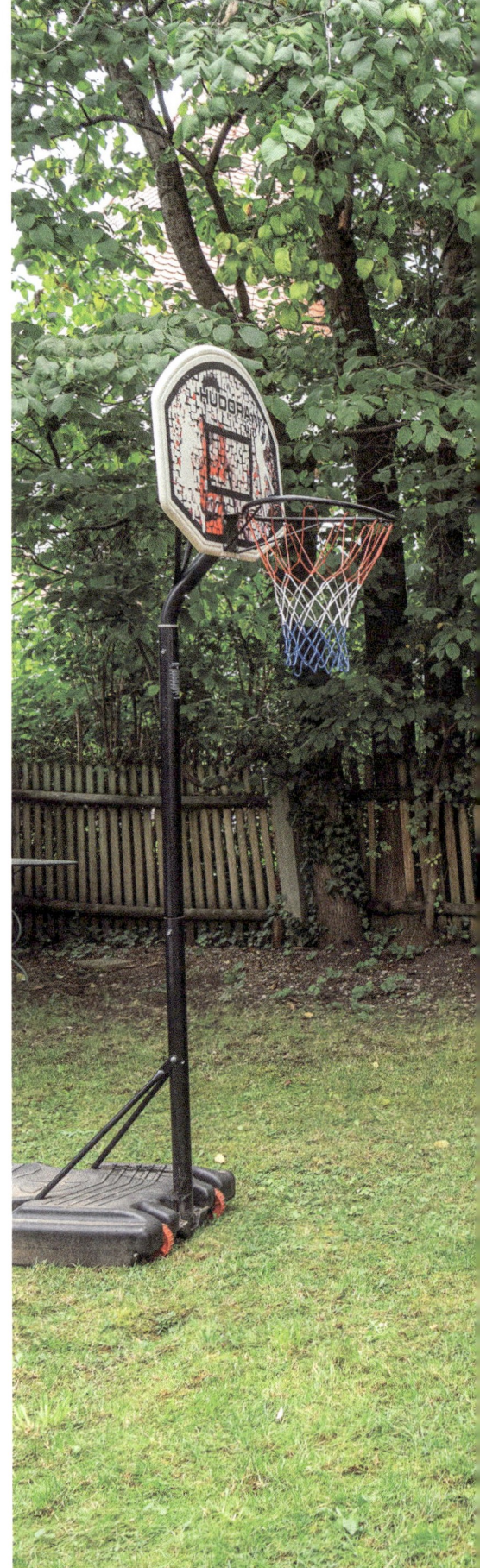

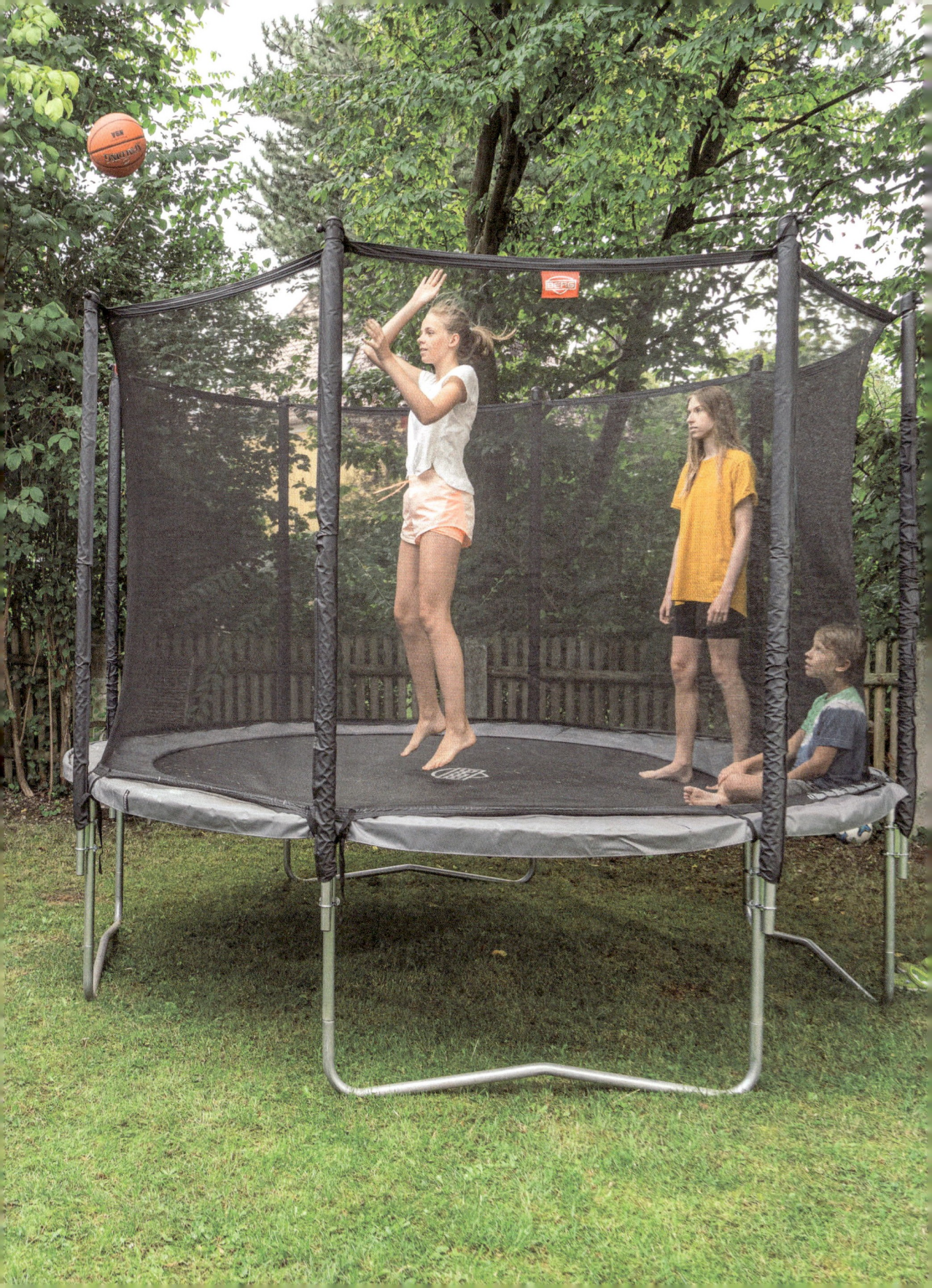

FUßBALL

Auf dem Trampolin lassen sich Kopfbälle, Volleyschüsse, Fallrückzieher und Torwartparaden prima üben, da man weich fällt. Aber auch mit anderen Kindern ist Kicken auf dem Trampolin ein Highlight. Gerade weil der Ball durch das Sprungtuch ständig in Bewegung gehalten wird und nicht im Seitenaus landet.

Probiert es aus und startet mit einem einfachen Zuspiel und leichten Kopfbällen. Danach könnt ihr euch steigern und auch schnelle Dribblings und platzierte Schüsse raushauen. Viel Spaß dabei!

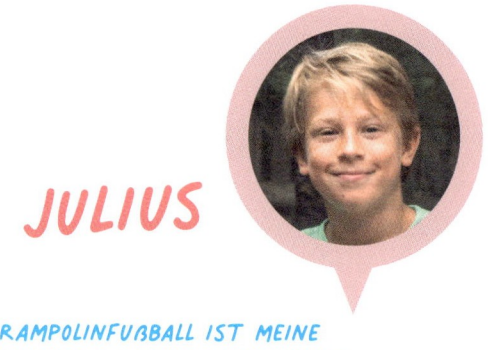

JULIUS

„TRAMPOLINFUßBALL IST MEINE DISZIPLIN! DA GEHT GARANTIERT JEDER FALLRÜCKZIEHER INS NETZ."

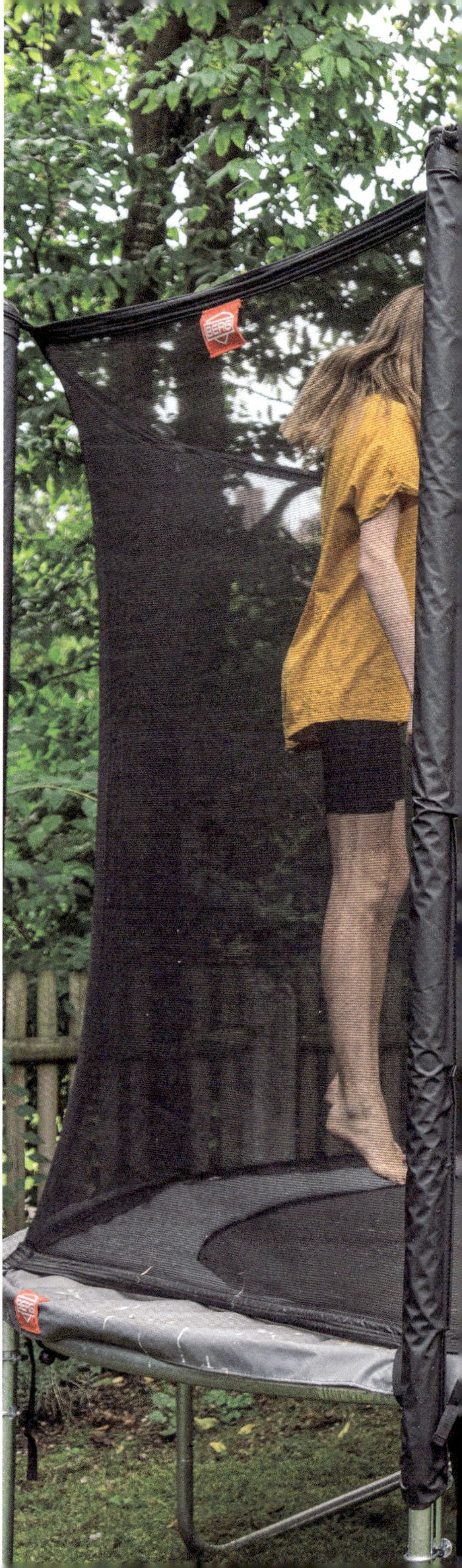

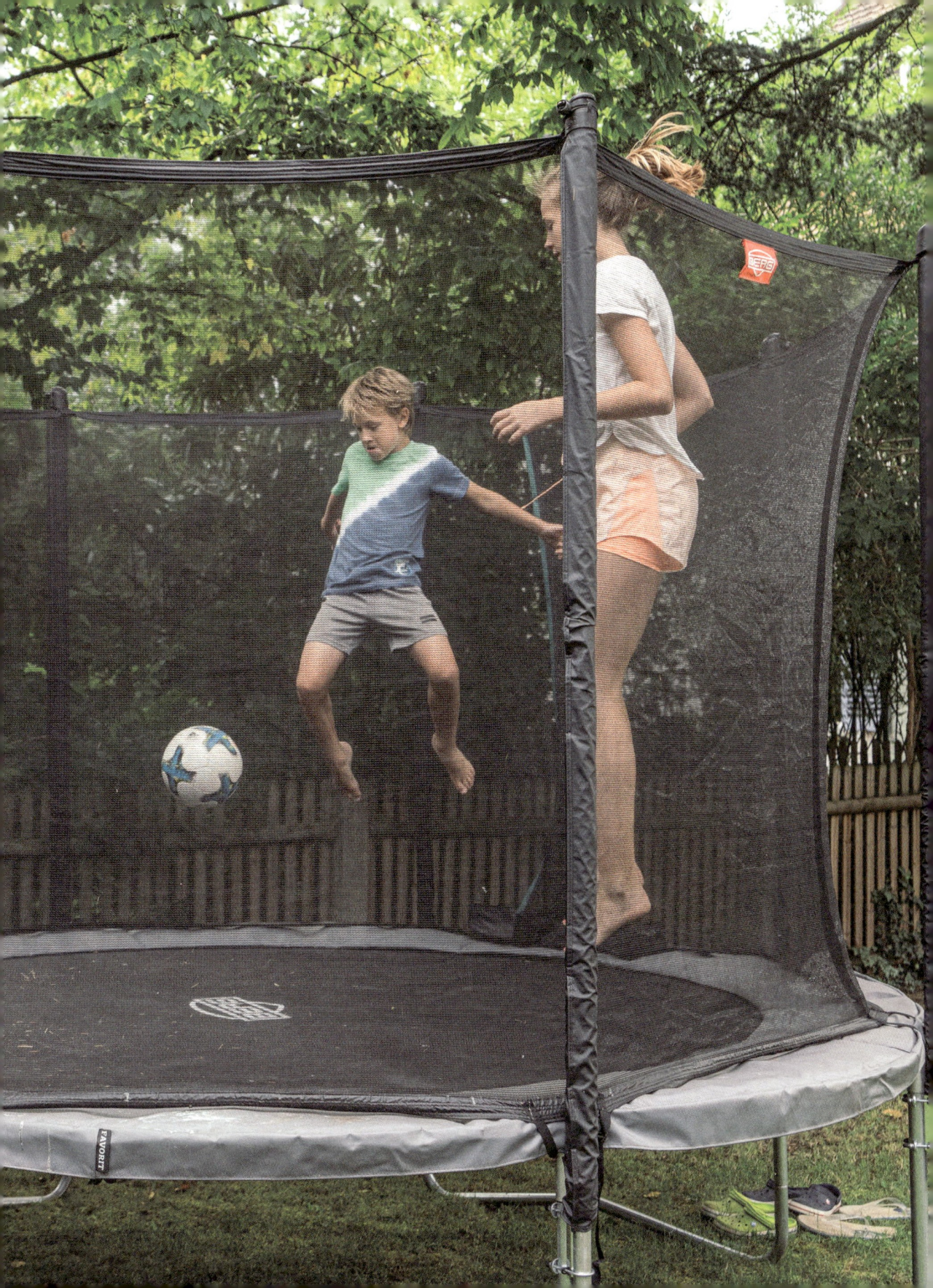

GOOD MOODS

TRAMPOLINGESCHICHTEN

· **Family Jumping**

· **Jump Challenges**

· **Beach Loopings**

· **Open-Air-Hausaufgaben**

· **Spaß mit Aladin**

· **No Time to Jump**

· **Night Sleeping**

Family Jumping

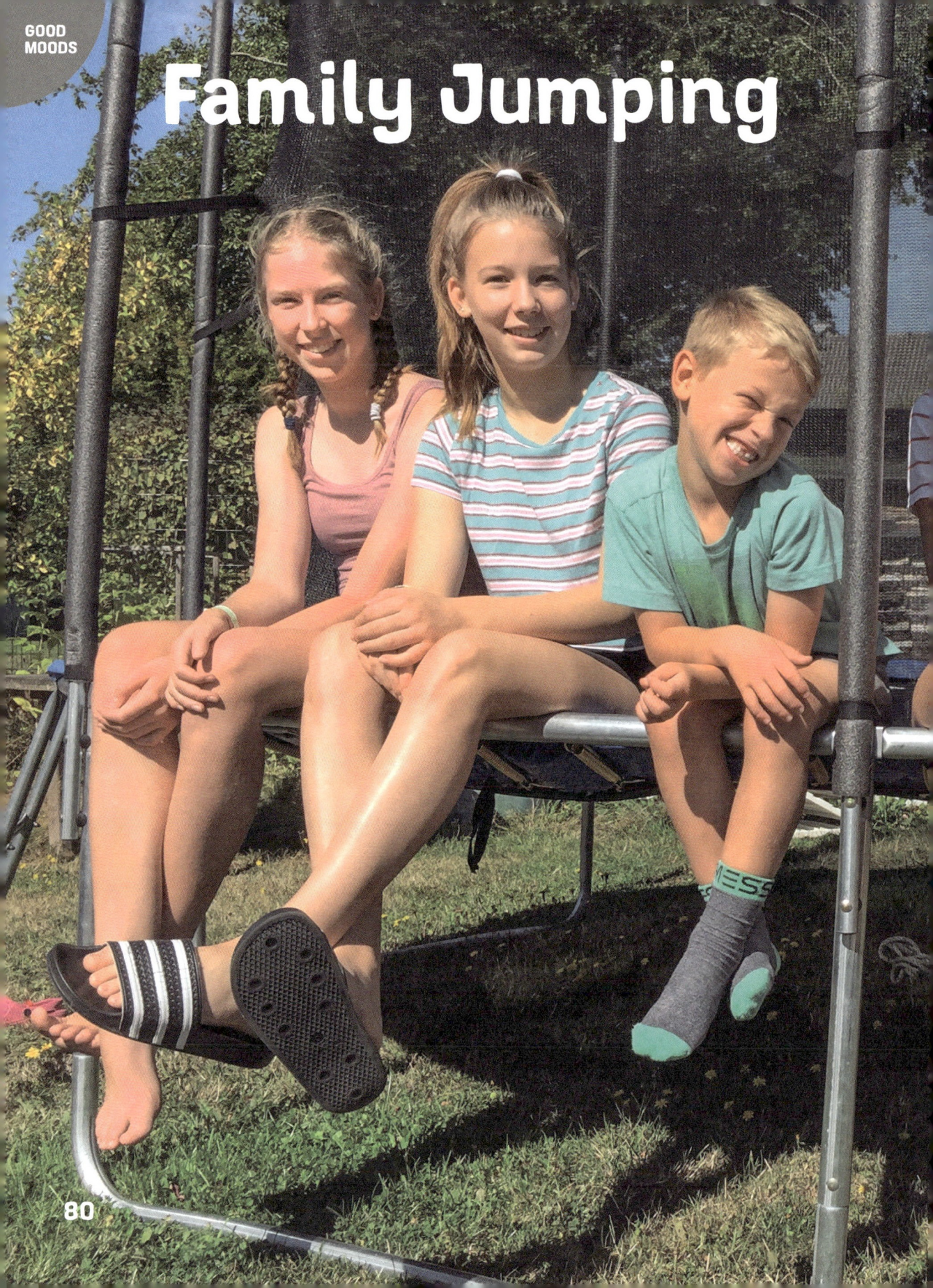

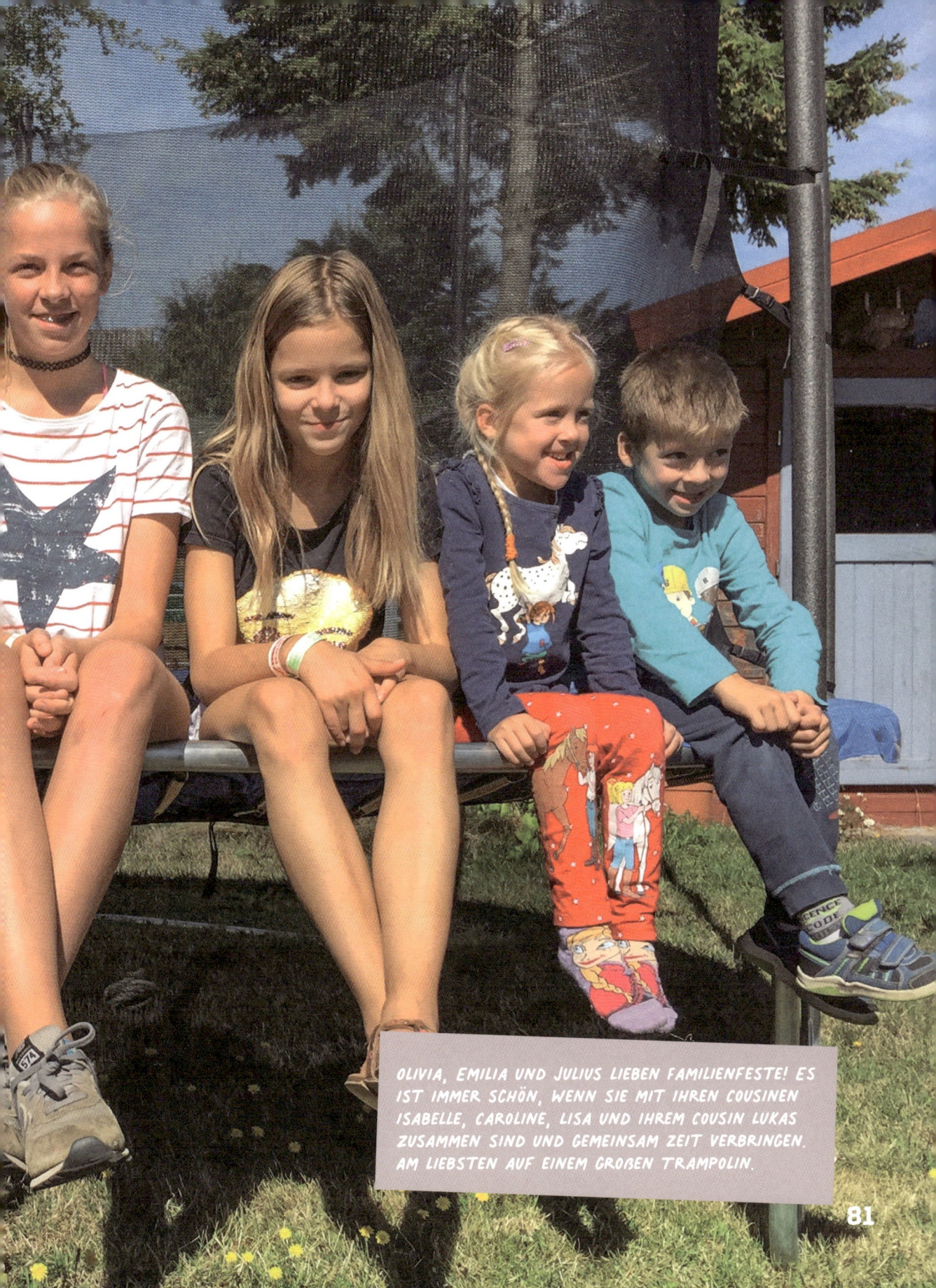

OLIVIA, EMILIA UND JULIUS LIEBEN FAMILIENFESTE! ES IST IMMER SCHÖN, WENN SIE MIT IHREN COUSINEN ISABELLE, CAROLINE, LISA UND IHREM COUSIN LUKAS ZUSAMMEN SIND UND GEMEINSAM ZEIT VERBRINGEN. AM LIEBSTEN AUF EINEM GROßEN TRAMPOLIN.

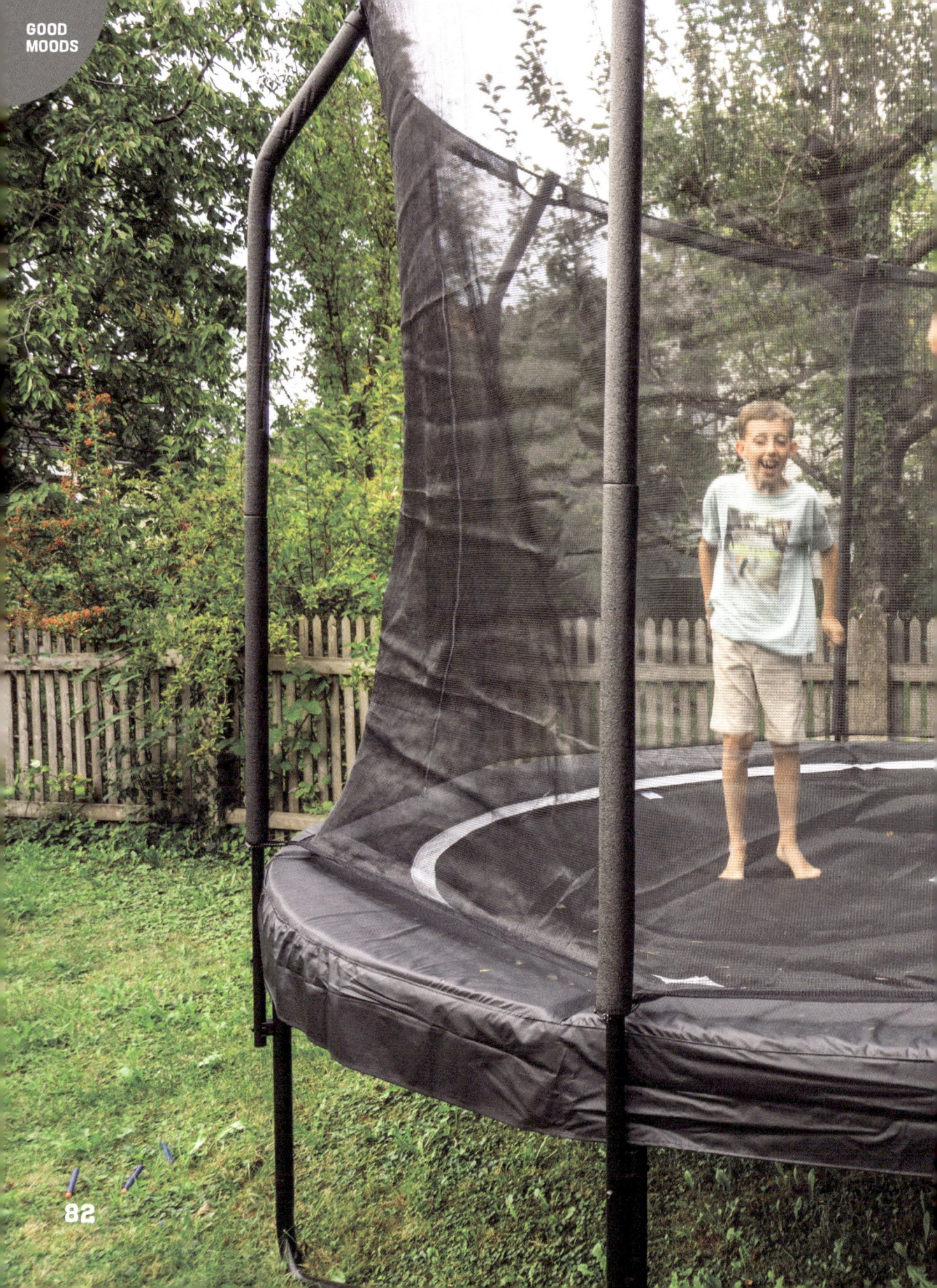

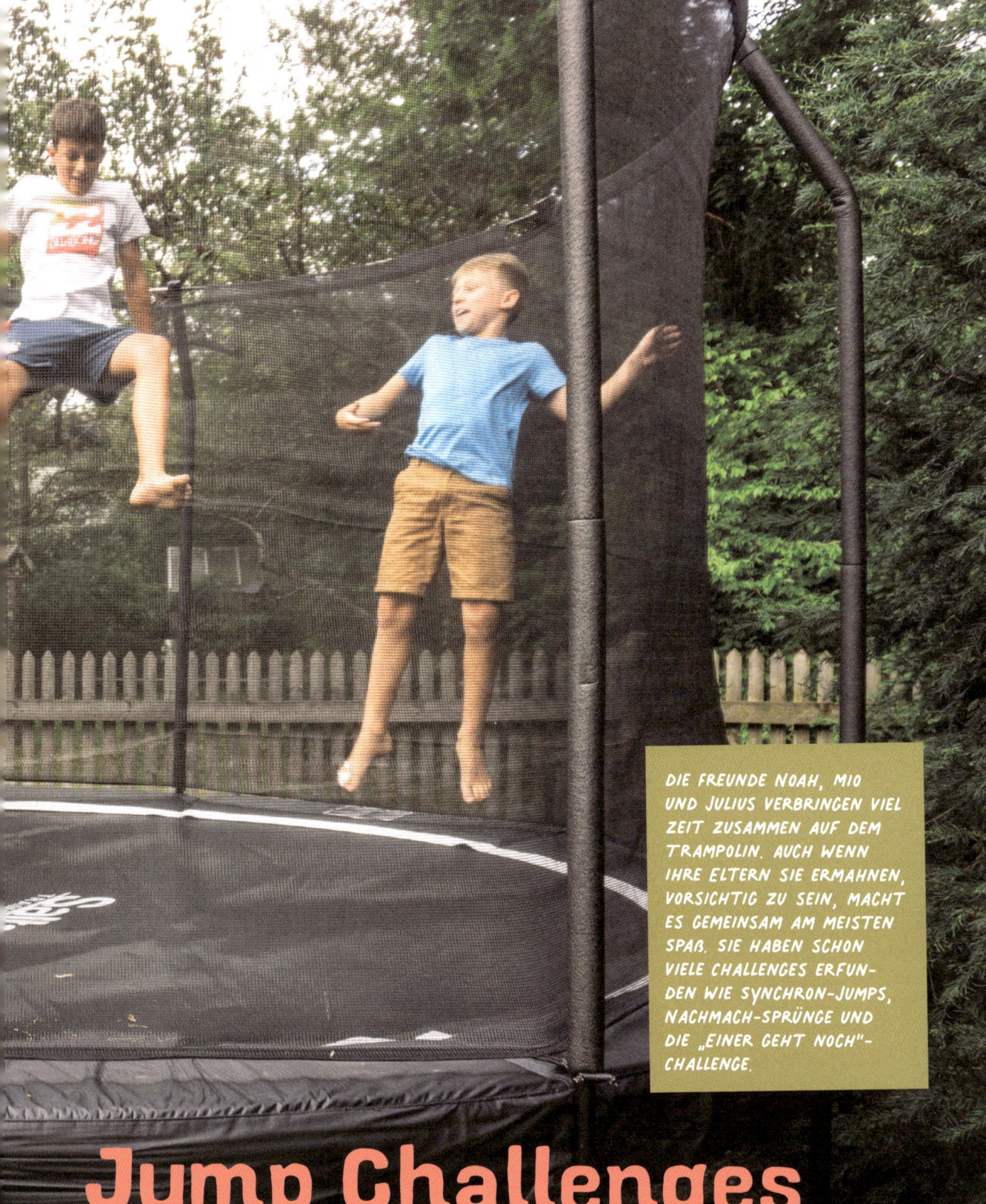

DIE FREUNDE NOAH, MIO UND JULIUS VERBRINGEN VIEL ZEIT ZUSAMMEN AUF DEM TRAMPOLIN. AUCH WENN IHRE ELTERN SIE ERMAHNEN, VORSICHTIG ZU SEIN, MACHT ES GEMEINSAM AM MEISTEN SPAß. SIE HABEN SCHON VIELE CHALLENGES ERFUNDEN WIE SYNCHRON-JUMPS, NACHMACH-SPRÜNGE UND DIE „EINER GEHT NOCH"-CHALLENGE.

Jump Challenges

Beach Loopings

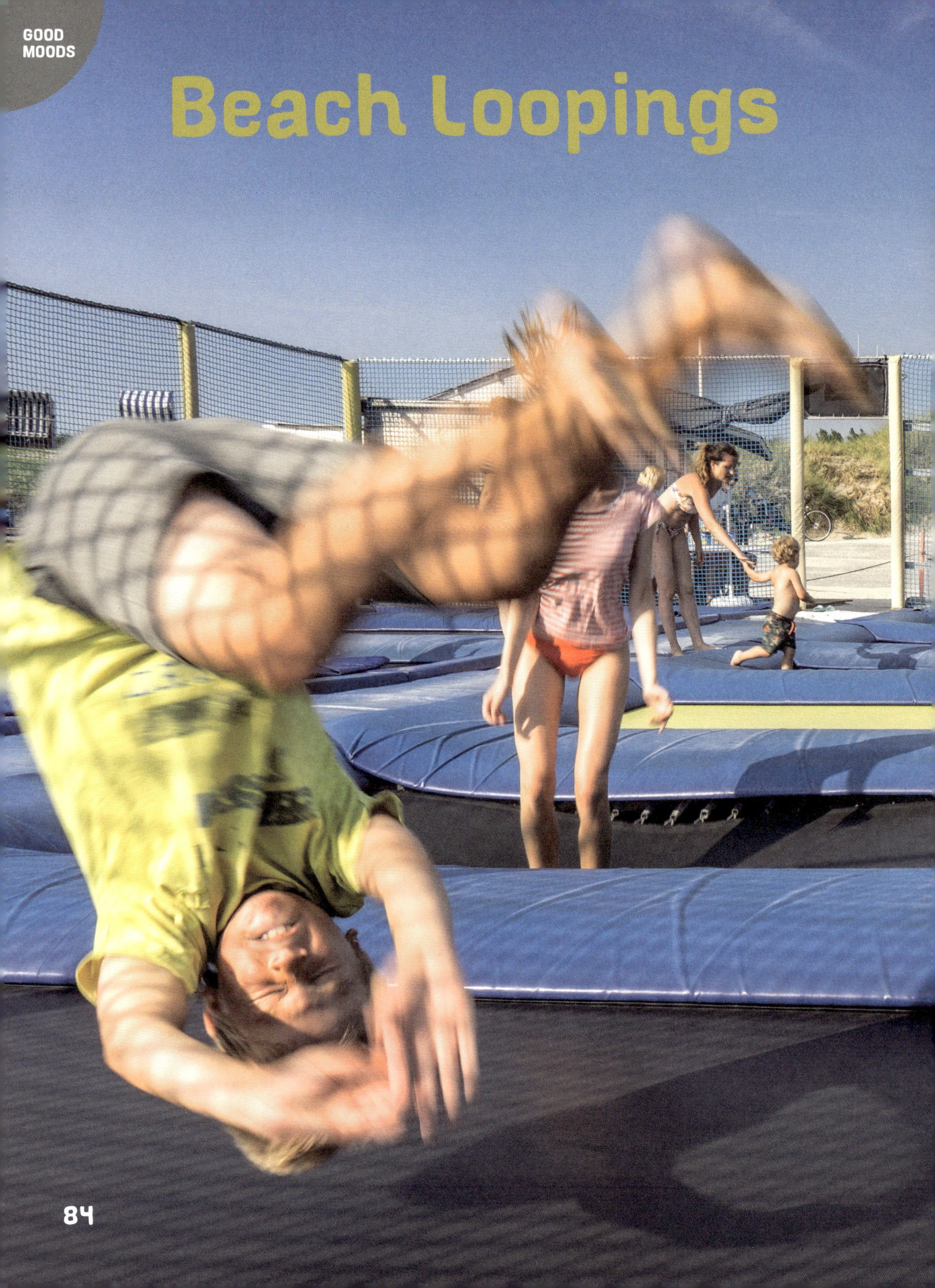

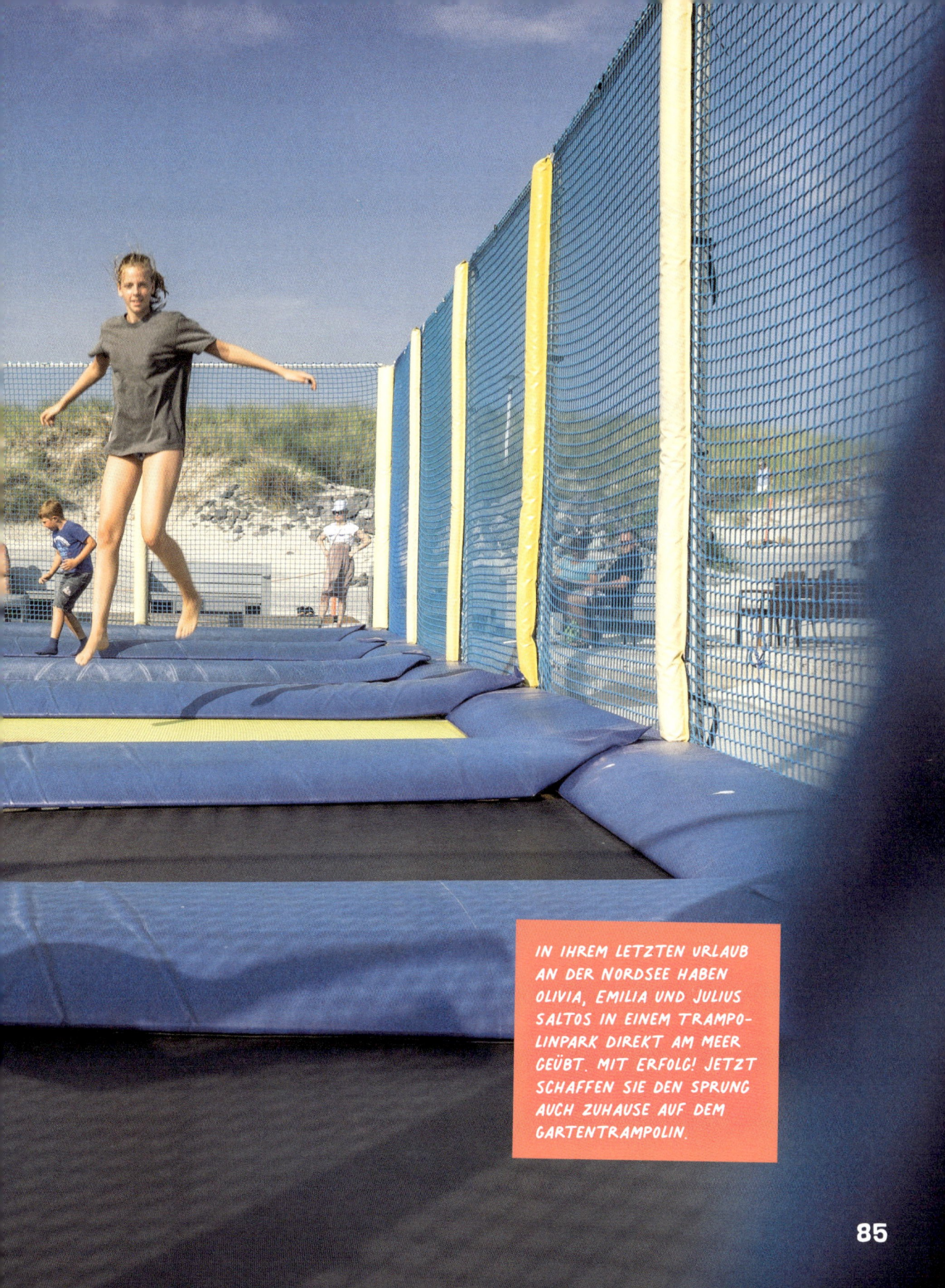

IN IHREM LETZTEN URLAUB AN DER NORDSEE HABEN OLIVIA, EMILIA UND JULIUS SALTOS IN EINEM TRAMPO-LINPARK DIREKT AM MEER GEÜBT. MIT ERFOLG! JETZT SCHAFFEN SIE DEN SPRUNG AUCH ZUHAUSE AUF DEM GARTENTRAMPOLIN.

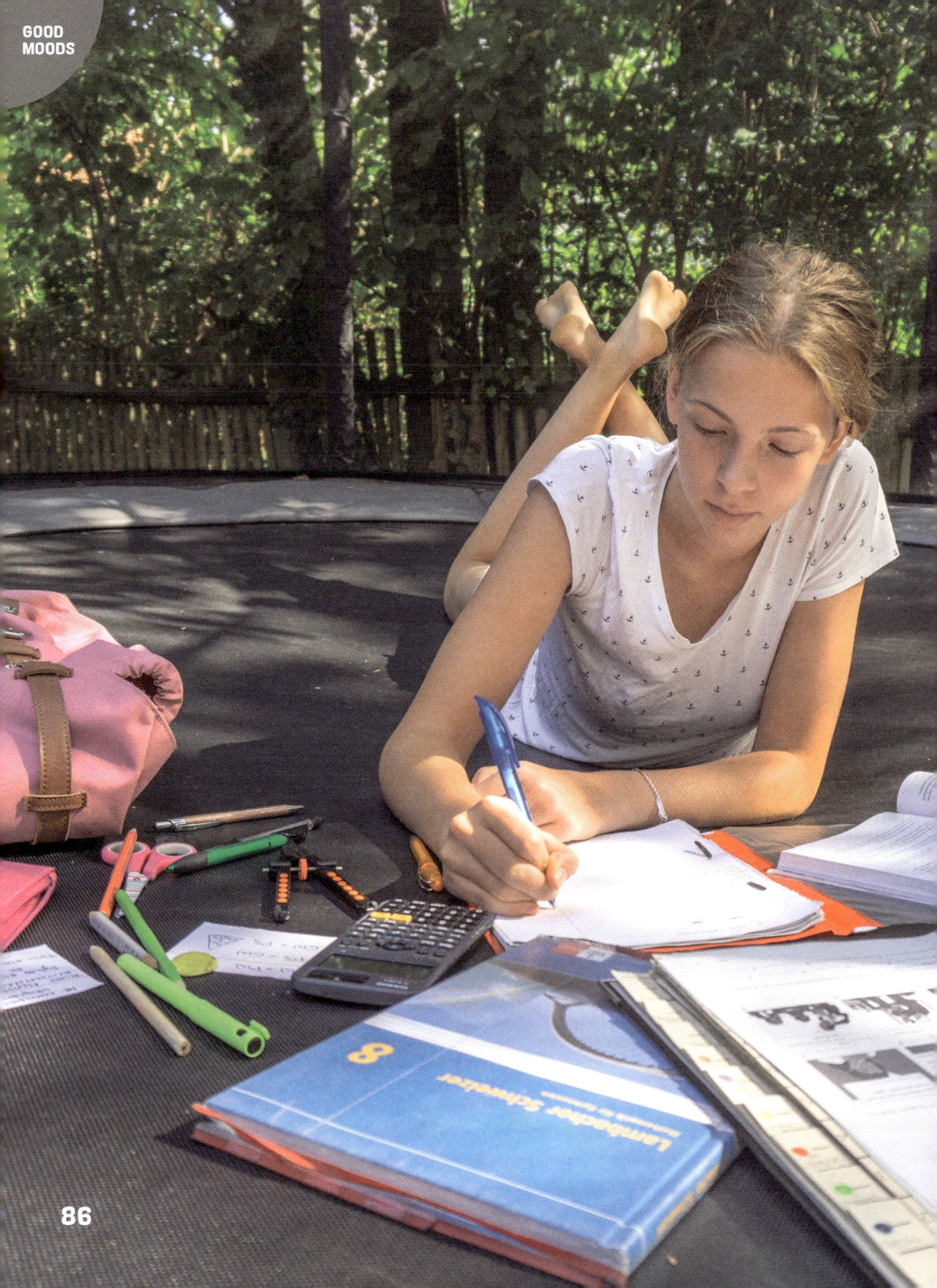

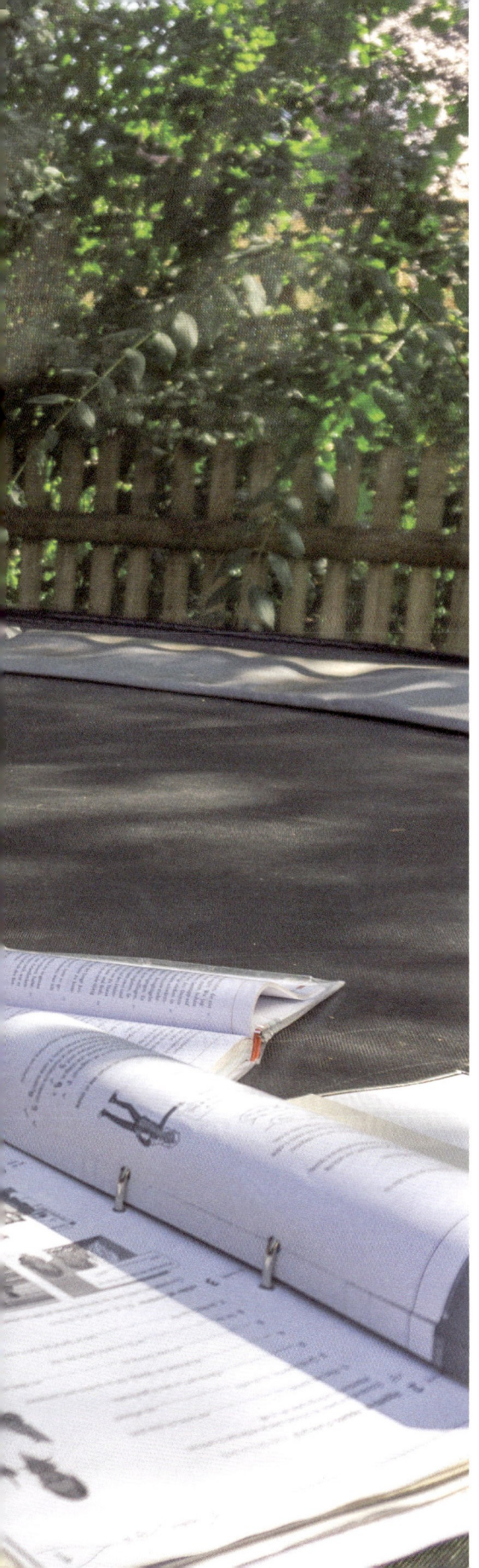

Open-Air-Hausauf-gaben

IM SOMMER EINEN LANGEN SCHULTAG IM HEIßEN KLASSENZIMMER ZU VERBRINGEN, IST KEIN SPAß. DA GENIEßT EMILIA ES, DIE HAUSAUFGA-BEN AN DER FRISCHEN LUFT ZU MACHEN. WENN DAS WLAN BIS IN DEN GARTEN REICHT, WÄRE HOMESCHOOLING AUF DEM TRAMPOLIN DOCH AUCH EINE VERNÜNFTIGE ALTERNATIVE, ODER?

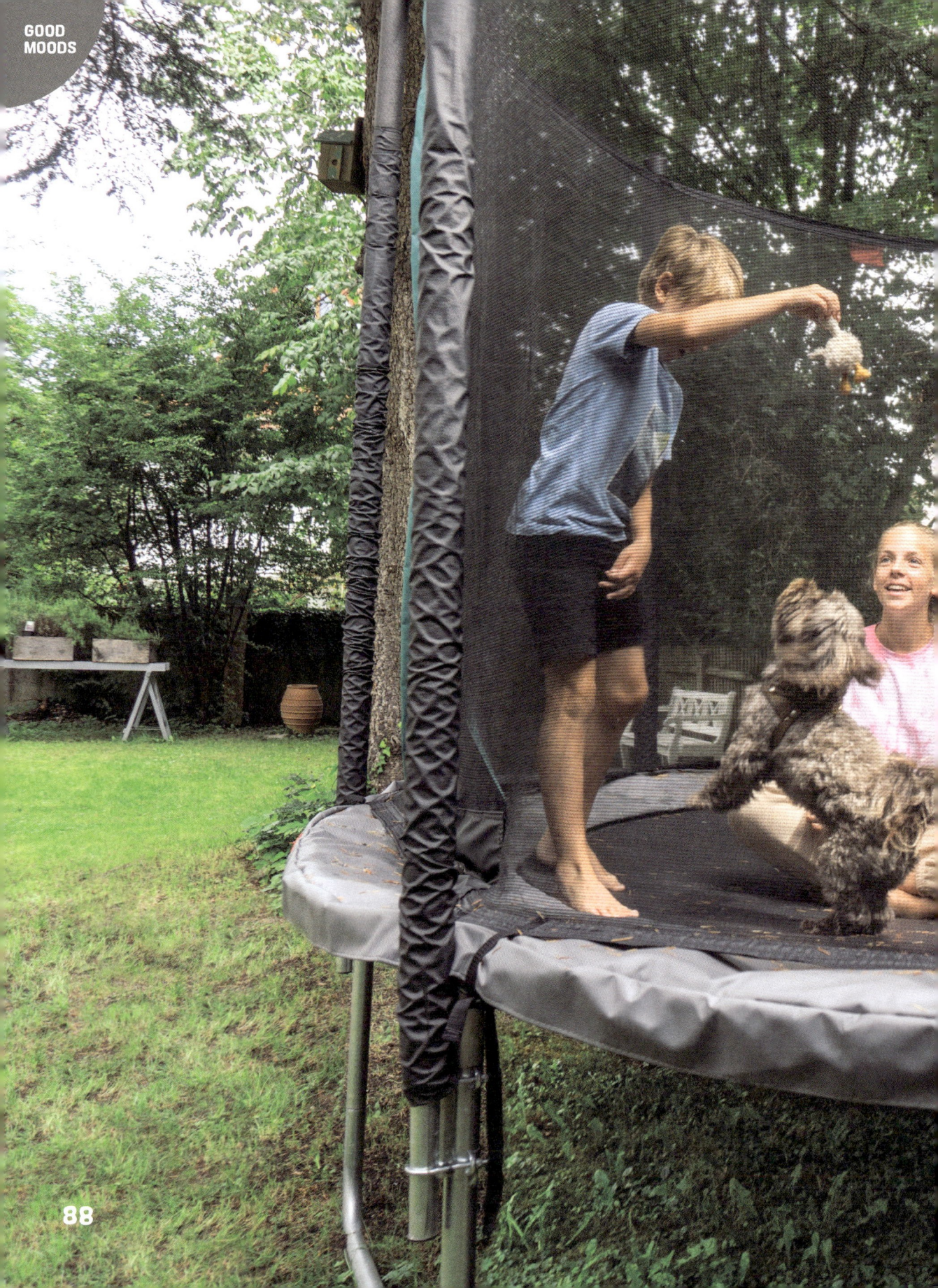

SPAß MIT ALADIN

DIE DREI GESCHWISTER HABEN LEIDER KEINEN EIGENEN HUND, DAFÜR ABER ZUM GLÜCK EINEN PFLEGEHUND. ALADIN DARF ZUR FREUDE ALLER ÖFTER MIT IHNEN DAS WOCHENENDE VERBRINGEN. IM SOMMER GEHT'S DANN REGELMÄßIG AUFS TRAMPOLIN.

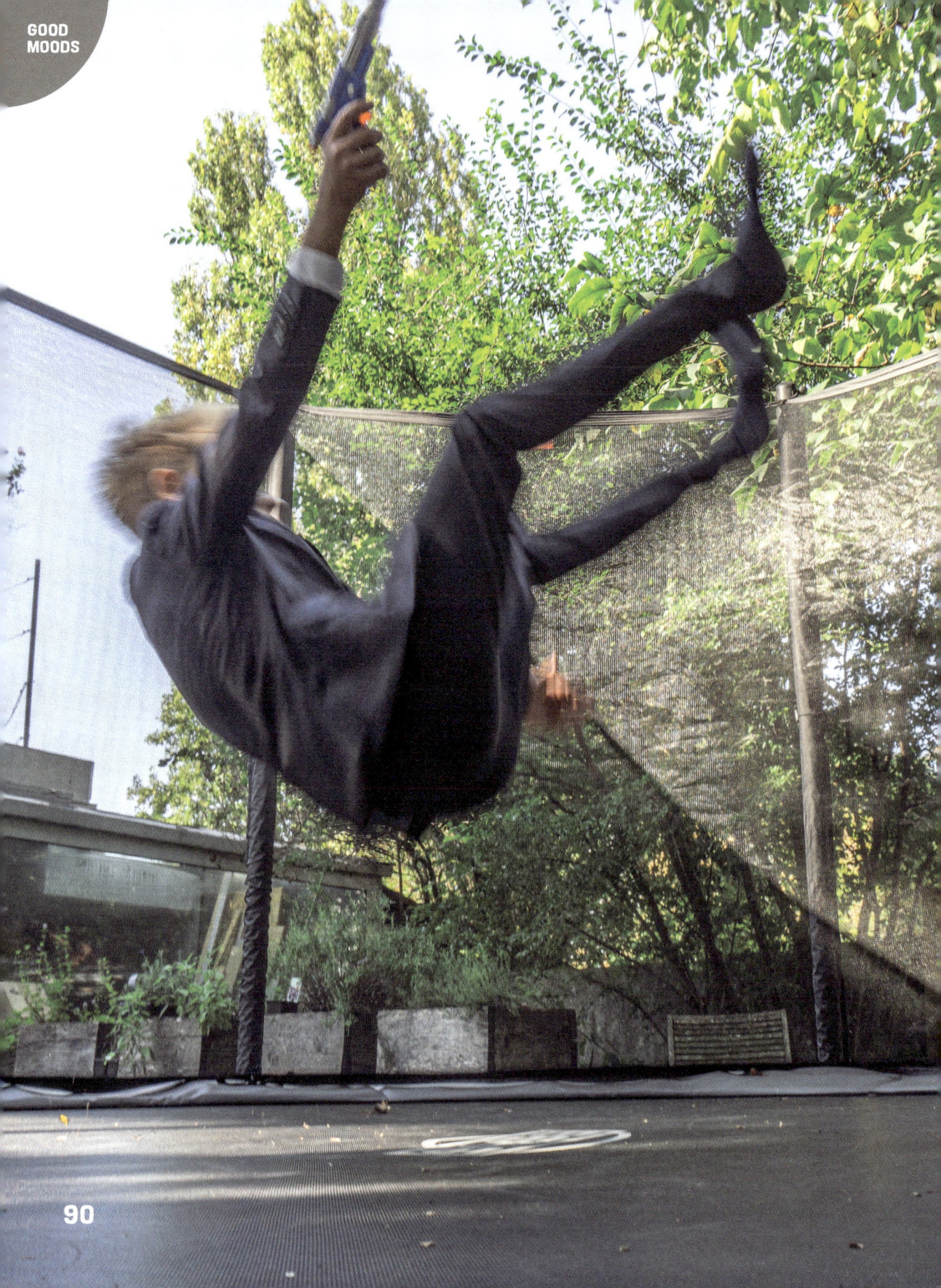

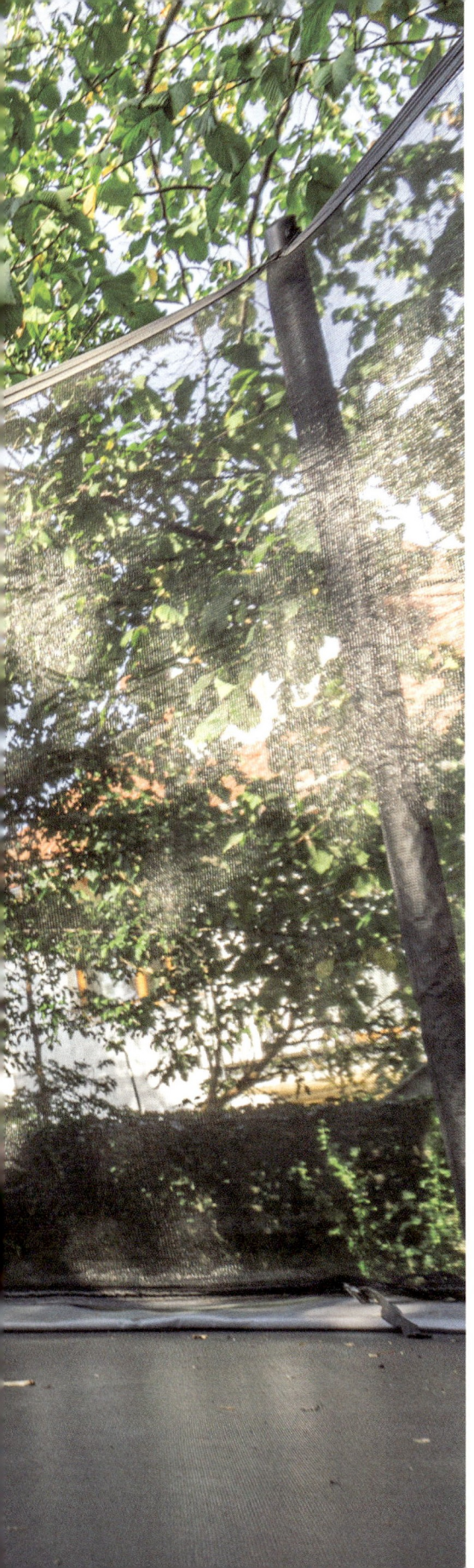

NO TIME
TO JUMP

JULIUS' GROßE LEIDEN-
SCHAFT IST JAMES
BOND. BESONDERS GER-
NE MAG ER DIE FILME
MIT DANIEL CRAIG ALS
BOND-DARSTELLER. DIE
BESTEN STUNTS ÜBT ER
AUF DEM TRAMPOLIN.
MIT ANZUG, KRAWATTE
UND WALTHER PPK —
NAJA DIE SPIELZEUGPIS-
TOLE TUT'S AUCH.

NIGHT SLEEPING

HAST DU SCHON MAL IM SOMMER UNTER DEM STERNENHIMMEL AUF EINEM TRAMPOLIN ÜBERNACHTET? SO RICHTIG MIT KISSEN UND DECKE? WENN NICHT, SOLLTEST DU ES MAL AUSPROBIEREN. AUF DEM SPRUNGTUCH LIEGST DU WEICH WIE AUF EINER MATRATZE, DAS UMSPANNTE NETZ SCHÜTZT DICH VOR FLIEGEN, KÄFERN UND DEM IGEL, DER NACHTS IM GARTEN SEINE RUNDE DREHT. UND DER BLICK IN DEN STERNENHIMMEL GIBT DIR DAS GEFÜHL, TEIL DIESES UNIVERSUMS ZU SEIN. DIE FREUNDINNEN OLIVIA, EMILIA UND EMMA SIND SCHON ERFAHRENE NIGHT SLEEPER GEWORDEN.

PROBIER'S MAL BEI NÄCHSTER GELEGENHEIT AUS. ABER VERGISS NICHT DIE LICHTERKETTE AUSZUSCHALTEN, BEVOR DU EINSCHLÄFST. GUTE NACHT!

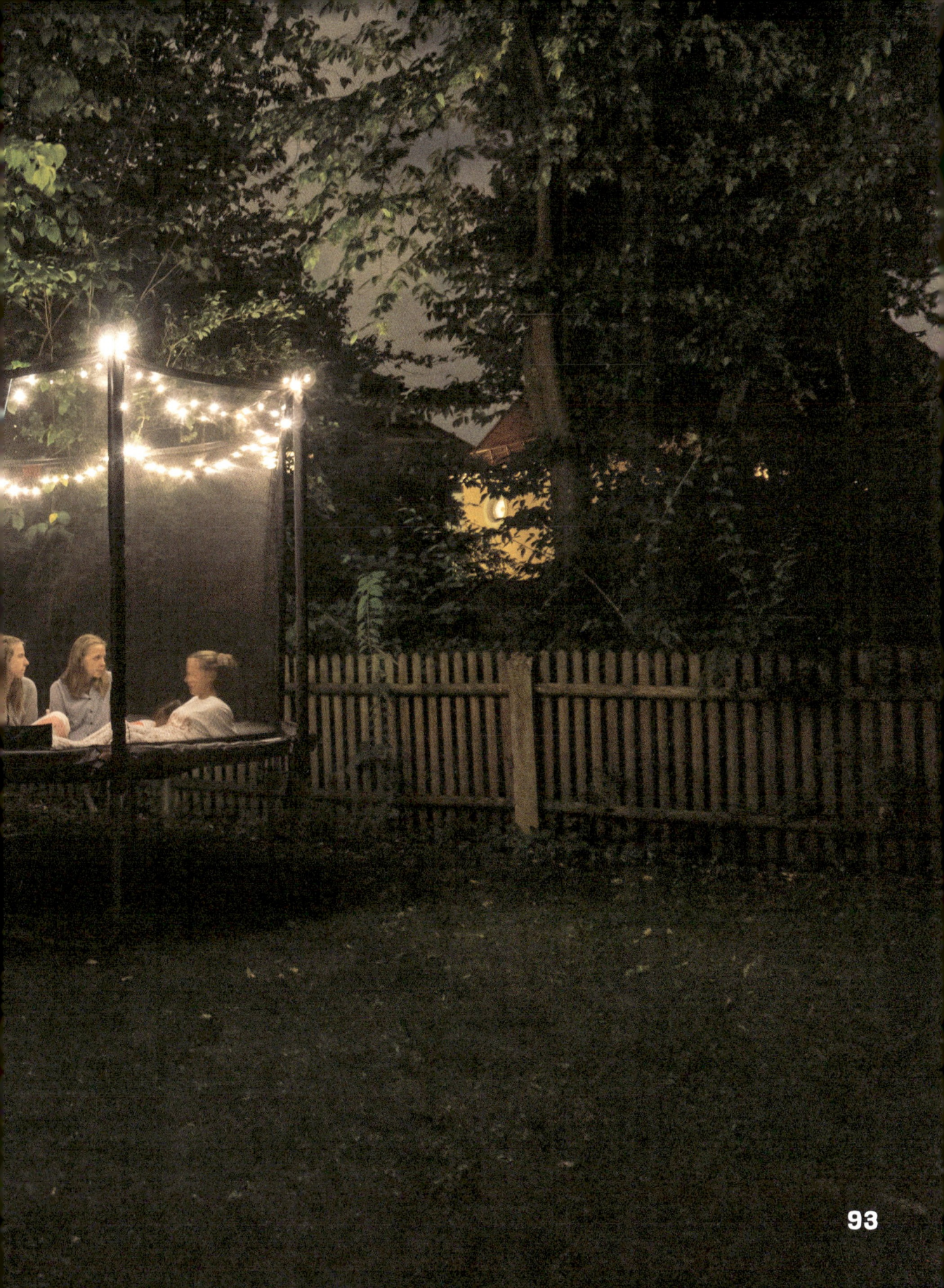

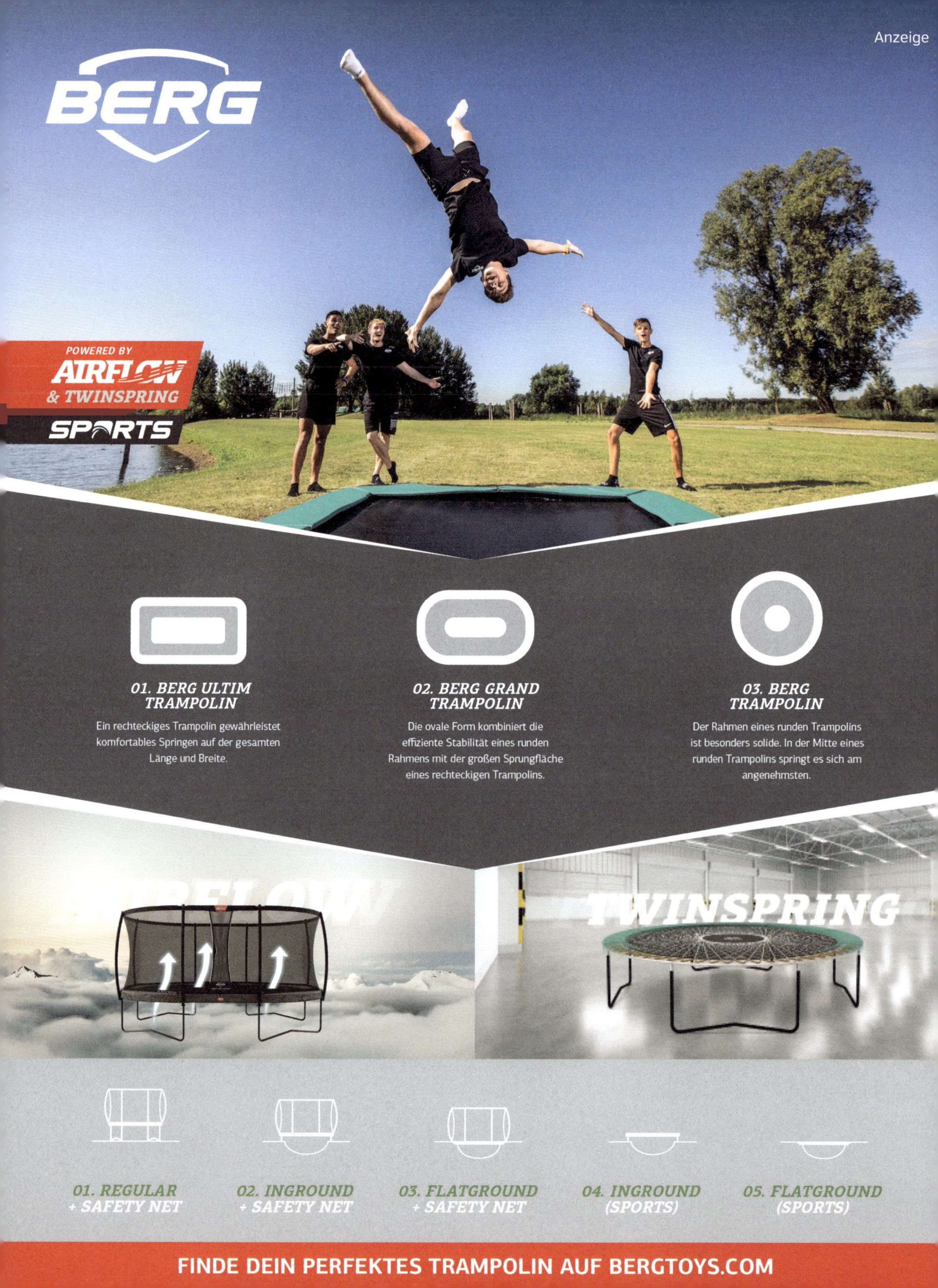

BERG

POWERED BY
AIRFLOW
& TWINSPRING
SPORTS

01. BERG ULTIM TRAMPOLIN

Ein rechteckiges Trampolin gewährleistet komfortables Springen auf der gesamten Länge und Breite.

02. BERG GRAND TRAMPOLIN

Die ovale Form kombiniert die effiziente Stabilität eines runden Rahmens mit der großen Sprungfläche eines rechteckigen Trampolins.

03. BERG TRAMPOLIN

Der Rahmen eines runden Trampolins ist besonders solide. In der Mitte eines runden Trampolins springt es sich am angenehmsten.

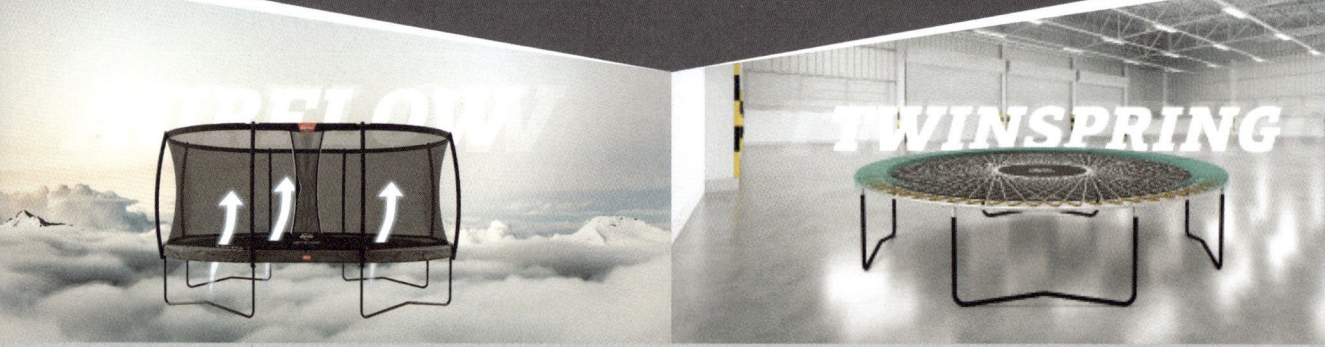

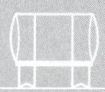
01. REGULAR
+ SAFETY NET

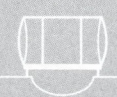
02. INGROUND
+ SAFETY NET

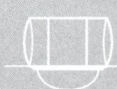
03. FLATGROUND
+ SAFETY NET

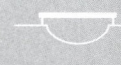
04. INGROUND
(SPORTS)

05. FLATGROUND
(SPORTS)

FINDE DEIN PERFEKTES TRAMPOLIN AUF BERGTOYS.COM

LESESTOFF FÜR SPRUNGPAUSEN

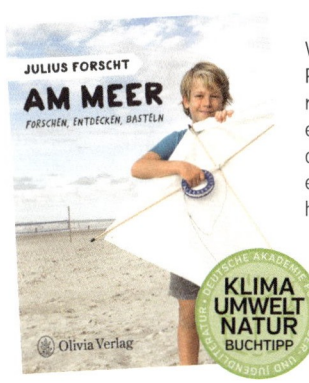

Wieso ist das Meerwasser salzig? Wie entsteht eigentlich Wind? Was ist das für ein Pilz, der in den Dünen wächst? Begleite Julius dabei, wie er diesen und vielen anderen Fragen auf den Grund geht. Und das neue Wissen gleich ausprobiert: Er nimmt einen Krebs auf die Hand, um dessen Gang genau zu beobachten. Oder er beißt in den Queller, der das Meersalz in seinen Stängeln ablagert. Als großer DIY-Fan gibt er tolle Basteltipps, zum Beispiel für einen Drachen oder einen coolen Schlüsselanhänger aus Treibholz. **ISBN 978-3-98145-666-0** 15,00 € (D) | 15,50 € (A)

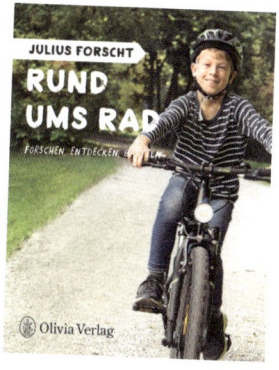

Der erste Schritt in die Freiheit, volle Pulle den Berg runtersausen – das Fahrrad macht's möglich. Aber welcher Radtyp passt zu mir? Wie gut schützt ein Fahrradhelm aus Kunststoff? Ist ein Mountainbike ohne Lampen im Straßenverkehr erlaubt? Julius will alles genau verstehen und probiert das neue Wissen selbst aus: Er testet seine Bremsen auf unterschiedlichen Böden und macht ein Gangschaltungsexperiment. Für DIY-Fans gibt Julius Tipps zur Verschönerung von Lenker und Klingel und bastelt aus einer alten Bremse eine Schreibtischlampe. **ISBN 978-3-98145-668-4** 15,00 € (D) | 15,50 € (A)

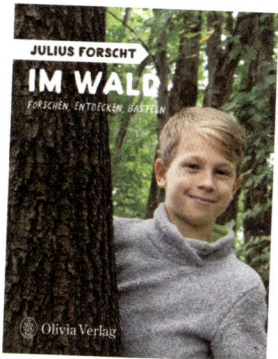

Was unterscheidet eine Eiche von einer Buche? Warum ist es im Sommer trotz Hitze im Wald angenehm kühl? Was passiert mit dem Herbstlaub? Julius beobachtet im Frühling Bienen beim Nektarsammeln, im Sommer badet er im Wald, im Herbst geht er in die Pilze und im Winter auf Spurensuche im Schnee. In einem Experiment weist er nach, dass Pflanzen Sauerstoff erzeugen, und auf einem „Fress-Parcours" testet Julius die Geschmacksvorlieben von Ameisen. Dazu gibt's tolle DIY-Projekte: Insektenhotel, Rindenbild, Blattkunstwerk, Holunderblütensirup, Räucherstäbchen und Schneeschuhe. **ISBN 978-3-98215-301-8** 15,00 € (D) | 15,50 € (A)

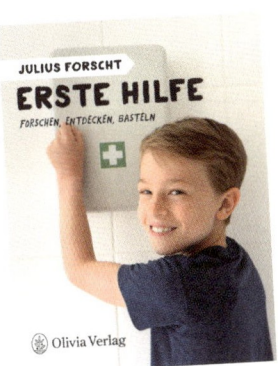

Auch Kinder können Erste Hilfe leisten. Julius zeigt, wie man Schürfwunden verbindet, verstauchte Knöchel versorgt und Verletzte in die stabile Seitenlage bringt. Nebenbei erforscht er den Körper: Wie repariert sich Haut nach einem Schnitt? Können Knochen an derselben Stelle zweimal brechen? Warum wird man bewusstlos? Dazu gibt es jede Menge zu entdecken, zum Beispiel bei dem Eierglasexperiment, der Lungenvolumenmessung und dem Kreislauftest, und zu basteln, zum Beispiel eine Gipshand, eine Spitzwegerichsalbe und ein Kirschkernkissen. **ISBN 978-3-98215-300-1** 15,00 € (D) | 15,50 € (A)

IMPRESSUM

© 2021 Olivia Verlag München
1. Auflage 2021

Olivia Verlag e. K.
Frickastraße 14
80639 München

olivia-verlag.de
lebenaufdemsprung.de

Sicherheitstipps beim Trampolinspringen:
• Anfänger nur unter Aufsicht springen
• Sprünge wie Handstandüberschlag, Salto und Flickflacks nur für Fortgeschrittene
• Nur eine Person auf dem Trampolin
• Nicht mit Haustieren springen
• Beim Springen keine Gegenstände mit aufs Trampolin nehmen
• Nicht auf dem Trampolin toben

Texte
Michael König

Fotos
Michael König, Dirk Tacke

Redaktion
Michael Albrecht

Lektorat
Kirsten Albrecht

Gestaltung und Illustration
Katja Muggli

Druck und Bindung
GPS Group

Dieses Buch ist auf Papier aus nachhaltiger Waldwirtschaft gedruckt, klimaneutral hergestellt und der Umwelt zuliebe nicht in Plastikfolie eingeschweißt.

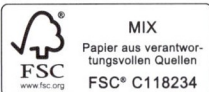 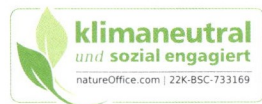

ISBN 978-3-98215-302-5

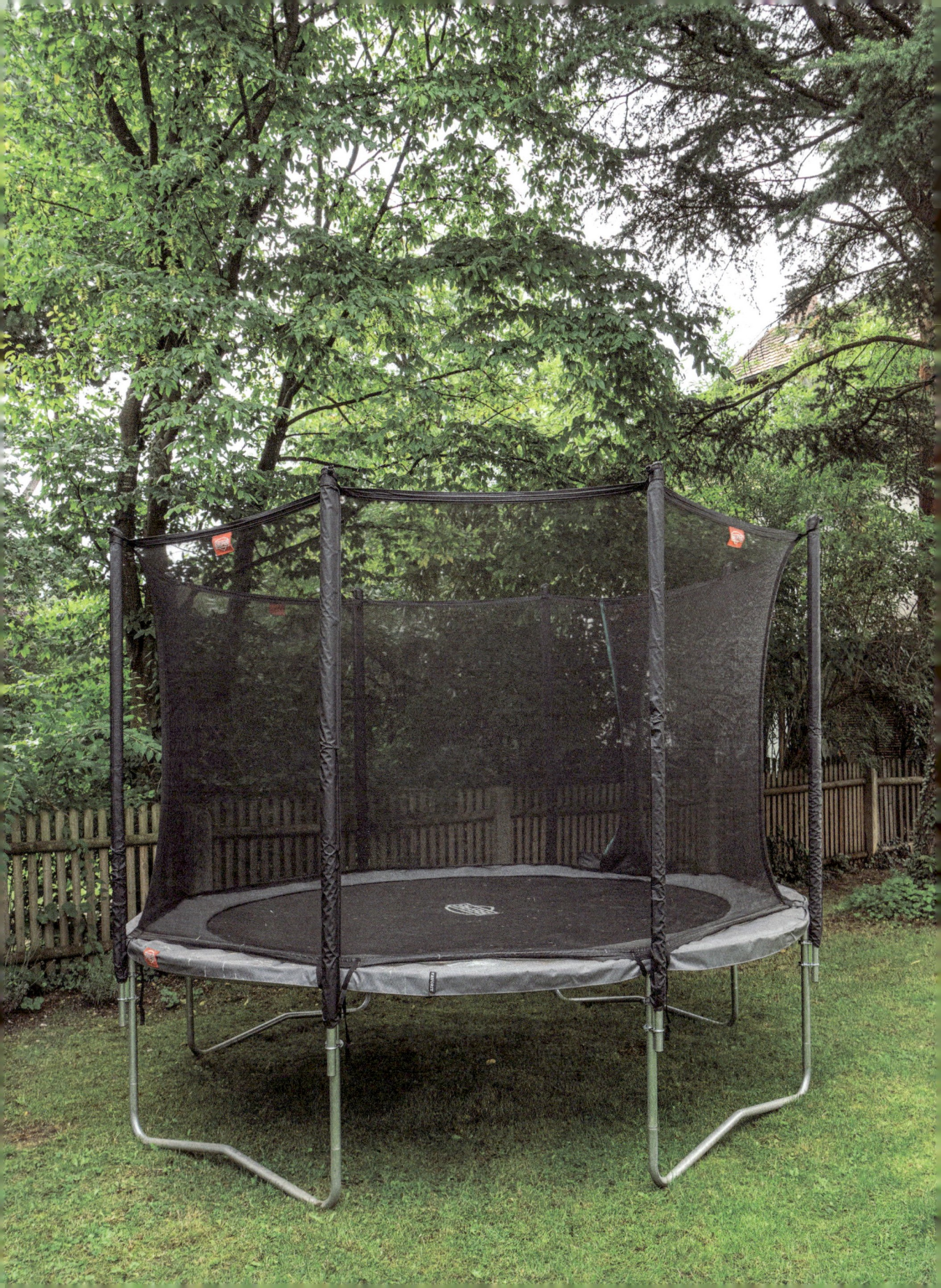

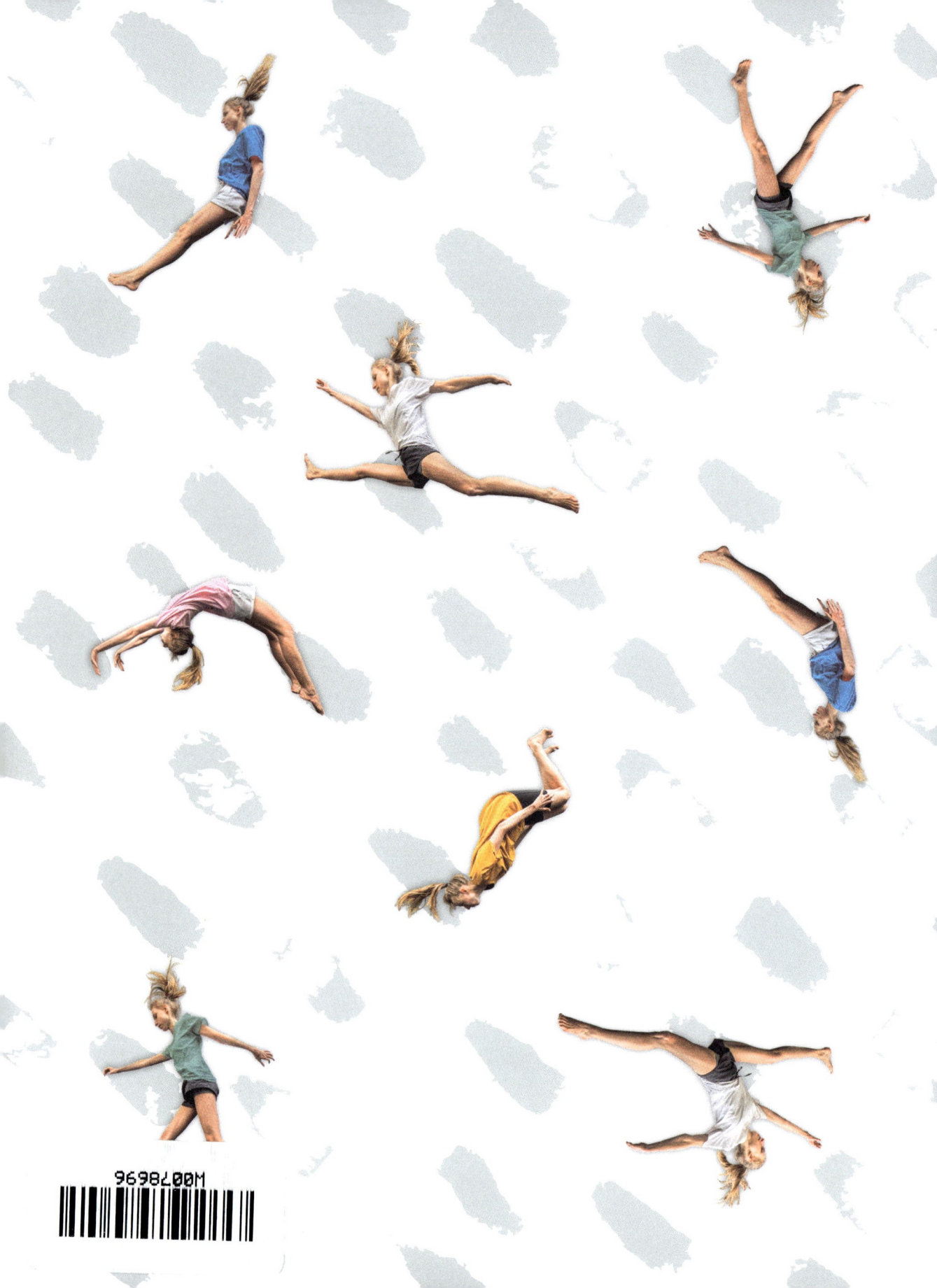